E-COMMERCE:
PLAN DE EMPRESA

Truedishes.tv
Video-Opiniones de Restaurantes

SERAIDI CHESNEY SOSA

2017

E-COMMERCE:
PLAN DE EMPRESA
Truedishes.tv
Video-Opiniones de Restaurantes

Seraidi Chesney Sosa
1a. edición, 2017

Diseño y organización: Eco-Ed Publications

ISBN-13: 978-1981638895
ISBN-10: 198163889X

Dep Legal: lf06820117002641

Published by:
On-Demand-Publishing LLC;
CreateSpace
An Amazon Company

Portada: Seraidi Chesney Sosa

ÍNDICE

PRÓLOGO

En las últimas décadas del siglo XIX algunas empresas comerciales iniciaron un novedoso sistema de venta en los Estados Unidos, la venta por catálogo, sistema que abrió nuevos mercados y permitió captar nuevos segmentos que no estaban siendo atendidos. Esto fue importante y transformó el mercado, acercándolo al cliente. Estas ideas cambiarían definitivamente la relación comercial, incluyendo un sutil anonimato entre el usuario, cliente y el promotor o vendedor.

La práctica del comercio electrónico o E-Commerce, comenzó a principios de los años setenta, con novedosas aplicaciones bancarias, como las transferencias de fondos financieros y, luego, apareció el intercambio de datos vía electrónica, que amplió fuertemente el comercio electrónico, dando lugar a los más variados tipos de procesos empresariales y comerciales. Estos cambios fueron importantes porque permitieron aumentar el nivel de competitividad implementando el comercio electrónico en sus actividades normales. Debido a esta rápida expansión muchas otras formas de intercambio fueron posibles, gracias a la conectividad de internet. Por esos años, aparecieron las primeras relaciones comerciales que utilizaban un ordenador para transmitir datos, tales como órdenes de compra y facturas. Este intercambio de información trajo más ampliaciones a este esquema. Ya en los años ochenta, el sistema se hizo aún más accesible a los usuarios, el comercio ya es directo y nuevos esquemas se adoptan, muchos de estos son servicios que necesitaban esta vía para aparecer, incorporarse y desarrollarse.

Uno de los principales atributos del e-commerce, es la facilidad de comunicación, que sólo puede ofrecer la web a ciertas actividades o proveedores (libros, información, productos digitales y proyectos, entre otros) la posibilidad de participar en un mercado interactivo, en el que los costos de distribución o ventas tienden a cero, comunicaciones comerciales por vía electrónica, estar disponible las 24 horas del día, las empresas pueden fidelizar a sus clientes mediante un diálogo asincrónico que sucede a conveniencia de ambas partes. Beneficios operacionales, el uso empresarial de la Web reduce errores, tiempo y sobrecostes en el tratamiento de la información, además, se facilita la creación de mercados y segmentos nuevos, da mayor facilidad para entrar en mercados nuevos y facilidad para fidelizar clientes. Comunicación efectiva que le permitan al usuario final plantear inquietudes, levantar requerimientos o simplemente hacer comentarios con relación a los productos o servicios de la misma.

Para los usuarios las compras electrónicas en internet le otorgan ciertas ventajas como encontrar un producto a menor costo, más oportunidades de navegar y encontrar un producto que más se adapte a su gusto y economía y comodidad en la selección de un producto. El usuario desde la comodidad de su hogar o trabajo puede seleccionar, reservar, comprar y adquirir el producto deseado, sin necesidad de trasladarse a otro sitio.

Este es el apasionante tema que nos plantea Seraidi Chesney Sosa en este libro, experta en la creación de estrategias digitales enfocadas al negocio y a la fidelización de usuarios. Entre sus artículos publicados en Barcelona (España), explica que *"durante los últimos 4 años la tasa de abandono del proceso de compra de un e-commerce ha sido de un 60% aproximadamente, esto quiere decir que de cada 10 compradores 6 no completan el proceso de compra, resultando en perdidas económicas para una empresa."*

Este libro es una nueva contribución relevante al tema revisado. Como la autora expresa, su objetivo es *"desarrollar para el sector privado un plan de negocios de una plataforma online enfocada al sector de la restauración basada en el uso de las nuevas tecnologías electrónicas y comportamientos sociales en internet"*.

Además, se debe agregar a lo dicho que este escrito es una revisión y adaptación de su Tesis al grado de

MBA, Master en Business Administration, de la acreditada **Escuela EAE-Business School (Barcelona, España)**, para que sirva de guía y enseñanza en esta nueva área de proyectos.

Esperamos la más amplia recepción al mismo y deseamos mucho éxito futuro a su autora.

Los editores.

RESUMEN

Las reseñas, recomendaciones y comentarios online son una herramienta importante que ayuda a los consumidores a tomar una decisión con respecto a la compra de un producto o un servicio. Hoy, más que nunca, los comentarios y valoraciones están por todas partes. Son una poderosa herramienta que se extiende rápidamente y llega a industrias de todo tipo. Ya no es solo para que las empresas locales ayuden a los consumidores a decidir qué restaurante visitar o qué ordenador comprar: las reseñas online pueden afectar a cualquier empresa de manera crítica y determinar si prospera o sucumbe.

Este proyecto tiene como objetivo principal desarrollar para el sector privado un plan de negocios de una plataforma online enfocada al sector de la restauración basada en el uso de las nuevas tecnologías electrónicas y comportamientos sociales en internet. La idea surge con el fin de aportar valor a un nicho que está en auge como es el de las reseñas, recomendaciones y compartir experiencias, en este caso de restaurantes y lugares de índole gastronómico. Actualmente existen diversas plataformas y sitios online donde compartir estas vivencias, pero hasta ahora son pocas las que han tratado de incluir el formato de videos en sus portales. Está demostrado que el ratio de retención en formatos de video es relativamente alto (37%) y el ROI en campañas en formato vídeo se estima como bastante promisorio, 51,9%[1].

Para llevar a cabo este proyecto, la metodología aplicada sigue al modelo estándar de un plan de empresa desarrollando investigaciones de mercado y planificando la estructura y estrategias de la empresa.

---

[1] "16 Video Marketing Statistics to Inform Your Q4 Strategy [Infographic]" Hubspot,
https://blog.hubspot.com/marketing/video-marketing-statistics, (June 28, 2017)

ABSTRACT

Online reviews, recommendations and comments are important tools that help consumers make a decision regarding the purchase of a product or service. Today, more than ever, comments and criticisms are everywhere. They are a powerful tool that spreads rapidly and reaches industries of all kinds. It is no longer just for local businesses to help consumers decide which restaurant to visit or what to buy: online opinions affect any business critically and determine whether they live or expire.

This project aims to develop a private business plan of an online platform focused on the restaurant industry and based on the use of new technologies and social behaviours on the Internet. The idea arises with the goal of adding value to a niche that is growing fast. Currently there are online platforms or sites to share opinions or comments with a video, but few have tried to include this format in their business classic model. It has been shown at present that the engagement rate on video formats is relatively high (37%) and ROI in campaigns that include videos is estimated to be very optimistic (51.9%).

To carry out this project, the applied methodology follows the standard model of a business plan, developing market research and planning the structure and strategies of the company, as well these new concepts.

1. MODELO DE NEGOCIO

1.1. Idea de Negocio

Truedishes.tv - Platos Reales, Reseñas Reales – es un portal online gratuito que ofrece a los usuarios la posibilidad de subir videos de sus experiencias en restaurantes o establecimientos de comida. Ya sea un desayuno, un brunch, una comida, merienda o una cena, cualquier experiencia desde un montadito hasta una degustación es válida para hacer una reseña en formato video y compartirla.

¿Qué es *Truedishes?* es una plataforma que cumple dos funciones: la primera es poner al servicio de la comunidad un lugar donde poder obtener una reseña más amplia y detallada de un restaurante, bar o lugar de comida en formato video. La segunda es ofrecer al propietario del establecimiento o restaurante una plataforma donde promocionarse y patrocinar contenido con un alto ratio de engagement y en un formato distinto.

¿Cómo funciona?

Los usuarios se tienen que dar de alta en el portal y crear un perfil que debe ser validado previamente por el portal. Luego de ser validado el perfil el usuario puede hacer un vídeo reseña sobre su experiencia en cualquier restaurante existente en la base de datos del portal.

Por otro lado, los restaurantes deberán también crear una ficha del negocio que tendrá que ser validada.

La creación del perfil para los usuarios será gratuita al igual que la creación de la ficha del establecimiento. Existirá un modelo de ficha de negocio más destacada que tendrá un coste adicional anual, y también existirá un apartado de contenido patrocinado dentro de la ficha del negocio que serán videos de usuarios que tienen un perfil Premium.

La duración de los videos no podrá exceder de los 20 seg. en el caso de usuarios básicos y no podrán subir más de 90 videos al mes (el equivalente a 30 minutos). Para los usuarios Premium, no deberá exceder los 40 seg en el caso y podrán tener derecho a subir más videos por mes (180 videos) que los usuarios básicos. Ser un usuario Premium tendría un coste anual bastante más asequible.

¿En qué se diferencia a los otros portales de reseñas y comentarios online?

Para llevar a cabo esta idea se tomaron como referencia las ideas iniciales de Yelp, de Tastemade de realizar una app para iPhone con la misma finalidad y de TripAdvisor, que también cuenta con un servicio de pago con algunas características similares.

El elemento diferencial es que solo es posible generar contenido en formato vídeo, además tienen que ser de corta duración y es gratis. Para los dueños de negocios, el elemento diferencial también es el coste, ya que es gratuito y puede disponer de una herramienta de marketing muy potente.

¿A quién va dirigida *Truedishes.tv?*

Truedishes va dirigido en las primeras fases a todos los usuarios y restaurantes de España. En la siguiente figura se puede observar, esquemáticamente el funcionamiento del modelo de negocio que éste sustenta.

Figura 1 - Modelo de negocios de Truedishes

En el esquema se puede observar cómo *Truedishes* se basa en dos apoyos fundamentales: por un lado, los usuarios registrados que conforman su masa crítica y por el otro, los restaurantes adheridos a la plataforma como medio de promoción para sus negocios.

Por lo tanto, de acuerdo con esta orientación expuesta se observa que es fundamental desarrollar dos estrategias claramente diferenciadas orientadas a la captación de unos y otros.

Estrategia de captación de usuarios
Orientada a dar a conocer el portal *Truedishes*, crear el perfil y comenzar a usarlo creando reseñas y comentarios de los restaurantes.

Estrategia de captación de comercios adheridos a *Truedishes*
Establecimientos del sector restauración que quieran incrementar sus ventas y captar nuevos clientes y tener una herramienta de marketing potente.

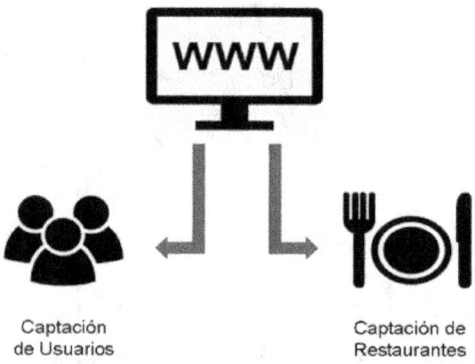

Figura 2 - Estrategias de Truedishes

1.2. Justificación

El sector de la restauración ha tenido un importante crecimiento en los últimos años, la demanda por una mejor calidad en la comida es cada vez mayor y la población exige cada vez más que el hecho de ir a un establecimiento de comida sea más que satisfacer una necesidad, sea una agradable experiencia gastronómica.

Estas exigencias por parte de los usuarios vienen acompañadas de una apreciable cantidad de información disponible en internet, que incluso a veces es en tiempo real. El volumen de reseñas, comentarios y contenido relativo a un establecimiento es cada vez mayor y la importancia que tiene sobre el poder de decisión de un usuario también es cada vez más considerable.

Un informe de Salesforce realizado en el 2016 demuestra que las reseñas online se consideran como el método más efectivo y confiable para que los consumidores recopilen información sobre marcas y productos antes de tomar una decisión de compra; especialmente entre los jóvenes Millennials (18 – 34 años)[2].

---

[2] "2016 Connected Consumer Goods Report", Salesforce Research, https://www.salesforce.com/assets/pdf/industries/connected-consumer-goods.pdf, (2016)

Las reseñas o recomendaciones online son particularmente influyentes en la industria de la restauración. Se estima que más consumidores (61%) han leído reseñas online sobre restaurantes que cualquiera de las otras categorías de negocios existentes. Por ejemplo, se estima que casi el doble de los consumidores afirma leer más reseñas de restaurantes que reseñas de dentistas[3].

Teniendo en cuenta estas realidades algunos propietarios de restaurantes a menudo se ven en la necesidad de acudir a medidas espurias de creación de contenidos influidos por la intención de llamar la atención de los usuarios.

Si un cliente hace un buen comentario o una reseña negativa sobre su servicio, el efecto puede permanecer online durante años, influyendo en innumerables clientes potenciales. Además, el aumento del uso de los smartphones pone estas herramientas literalmente en manos de millones de personas y viajeros internacionales que están buscando y decidiendo dónde ir a comer.

Por estas razones, la finalidad de este proyecto es brindar una plataforma de contenido que teniendo

---

[3]"Online Reviews: The New Word of Mouth", National Restaurant Association, http://www.restaurant.org/Downloads/PDFs/onlinereviews1.pdf, (2013)

en mente estas situaciones presentes, emprende el proyecto en formato video donde usuarios y propietarios de restaurantes puedan compartir fácilmente sus opiniones y comentarios acerca de una experiencia gastronómica.

2. ANÁLISIS DEL ENTORNO

En este apartado se exponen tanto el análisis externo del entorno, a través del estudio de las principales variables del entorno general y específico que afectan a la empresa, como el análisis PESTEL, así como el análisis interno, definiendo las fortalezas, debilidades, amenazas que debe superar y oportunidades que debe aprovechar para conseguir ventaja competitiva frente a la competencia, a través del empleo de una matriz específica (DAFO). Tras estos análisis, se procedió a la formulación de las distintas estrategias que podría llevar a cabo la empresa para la mejor consecución de los objetivos previstos.

2.1. Análisis PESTEL

A continuación, se presenta el análisis de distintos factores del entorno general, a través del denominado análisis de PESTEL. Este tipo de análisis se utiliza para realizar el estudio del entorno que rodea a una empresa o sector. Cada factor afecta al funcionamiento de la empresa y condiciona de alguna forma la toma de decisiones, los que se revisan aquí brevemente:

- **Factores Políticos-Legales:**

A nivel europeo, la guerra contra el terrorismo Islámico y la salida del Reino Unido de la UE han provocado un clima de cierta inestabilidad importante y que actualmente se está tratando y gestionando.

A nivel español, la política española está sufriendo las consecuencias de no haber tenido un gobierno establecido formalmente por casi un año. Los presupuestos, confianza y las inversiones se han afectado, sin embargo, España por ser parte de la Unión Europea y de la OTAN, garantiza una buena seguridad jurídica para establecer una compañía.

Una empresa dedicada a la tecnología móvil tendrá que estar al tanto de si se mantiene la estabilidad política de los países en los que opera o si el gobierno altera leyes que afecten al negocio o los impuestos.

El gobierno español ha elaborado muchos programas de ayuda para emprendedores durante los últimos años debido a la situación de crisis existente (por ejemplo, el 24 de mayo de 2.013 se aprobó la "Ley de Emprendedores"). La facilidad de convertir una idea de una aplicación en un negocio hace que este sea un factor determinante a tener en cuenta en la decisión final.

No obstante, al tratarse de tributos, nivel de tasas y políticas impositivas, dado que muchos impuestos están transferidos a instituciones autonómicas y locales, se debe tener en cuenta tanto la normativa local como nacional. Más aún, en un momento en el que los distintos impuestos y gravámenes están en constante variación.

- **Factores Económicos:**

Los impuestos, la tasa de desempleo, los indicadores de crecimiento económico o el cambio de divisas son elementos que se sitúan en esta categoría. El Fondo Monetario Internacional, la Unión Europea y el propio Gobierno, estiman que durante el 2017 la tendencia de crecimiento podría ser ascendente[4].

La economía ha crecido a un promedio superior al 3% anual real en 2017, a la vez que ha experimentado transformaciones notables en multitud de campos.

---

[4]"El FMI revisa al alza el crecimiento de la economía española y rebaja la de EEUU", El Confidencial, http://www.elconfidencial.com/economia/2017-07-24/fmi-espana-pais-avanzado-economia-mas-crezca_1419730/, (24 Julio 2017)

Es importante tener también en cuenta el acceso a la financiación. La situación complicada de algunos bancos e intermediarios financieros, así como la reestructuración de dicho mercado han traído consigo el auge de los préstamos, créditos y otras formas de financiación debido a las políticas monetarias expansivas con tipos de intereses muy bajos para su potenciación.

- **Factores Sociales:**

En esta categoría habrá que tener en cuenta factores como los valores sociales, las tendencias demográficas, la movilidad en el trabajo, el nivel de educación y de adopción de la tecnología, la opinión de las personas con gran influencia.

Los cambios en el estilo de vida, patrones culturales y actitud consumista de los españoles han evolucionado de tal forma que se encuentra ante una oportunidad de negocio que cada vez tiene más penetración y entusiastas. El sector de la restauración ha dejado de estar en una categoría de lujo y ha pasado a ser una actividad para todos los públicos ya que existen propuestas gastronómicas para todos los presupuestos.

España es tanto foco de atracción para turistas como para inmigrantes que desean venir a vivir y trabajar lo cual hace que exista un target bastante amplio.

- **Factores Tecnológicos:**

Los factores tecnológicos influyen de una manera muy importante en la idea de negocio.

España es un país apto para implantar un portal de intercambio de opiniones y comentarios de restaurantes, puesto que cuenta con un antiguo y extenso directorio de establecimientos de comida de todas las variedades y precios y las personas están bastante acostumbradas a valorar sus experiencias y buscar información para visitar lugares desde distintos portales de internet.

Contar con una aplicación o soporte de la plataforma para poder descargarlo e interactuar a través del móvil u otros elementos electrónicos se ve a corto plazo imprescindible para lograr los objetivos de audiencia y usuarios activos.

- **Factores Legales:**

Habrá que tener en cuenta que el Internet es cada vez más estricto, dotando a este medio de mayor seguridad e inspirando una confianza superior al internauta.

También habrá que saber cómo proteger la aplicación legalmente: patentes y derechos de autor y las leyes que pueden afectar a la empresa: violación de copyright, utilización de nombres de marcas Análisis de la aplicación de la tecnología móvil en las empresas populares, pago privado a creadores de opinión, venta de datos de los clientes.

2.2. Las 5 Fuerzas de Porter

Para la realización del análisis del sector, este estudio se ha basado en el estudio de las (5) fuerzas competitivas de Porter. Este análisis permitirá conocer el conjunto de factores más cercanos a la empresa que pueden influir directamente sobre su funcionamiento y consecución de sus objetivos, como se resume a continuación

A. Poder de negociación de los compradores o clientes

El volumen de usuarios puede llegar a ser bastante elevado dependiendo de la viralidad generada por la plataforma. El grado de dependencia es alto siempre y cuando no exista un producto sustitutivo. Actualmente pocas redes están enfocadas a la misma idea. Los usuarios sólo utilizan aplicaciones que cumplen con su propósito o son entretenidas y fáciles de utilizar. Además, no sienten apego por una aplicación o un desarrollador. En definitiva, el poder de negociación de los clientes en esta industria es apreciado como alto.

B. Poder de negociación de los proveedores o vendedores

En esta sección se pueden definir a los restaurantes y establecimientos de comida como los proveedores. Su poder de negociación es muy alto también, ya que de ellos depende completamente el modelo de negocios. Es necesario contar con el apoyo de los locales para que sean parte del proyecto en primera fase y en segunda fase que sean captados como generadores de ingresos mediante publicidad y opciones para destacarse dentro de la plataforma.

C. Amenaza de nuevos competidores entrantes

La mayoría de empresas competidoras son de reciente creación, por lo tanto, se podría llegar a alcanzar penetrar en un mercado en poco tiempo, logrando posicionar, dando a conocer y situando como referente la plataforma a la hora de buscar reseñas y recomendaciones de restaurantes.

Además, se trata de un sector que no requiere una importante inversión inicial, por lo que es fundamental posicionarse rápido, creando una sólida red de usuarios a través de la viralidad y el apoyo en ventajas competitivas.

Las principales barreras a superar para lograr una ventaja competitiva y diferenciación respecto a la competencia serían:

1. Continúo conocimiento del mercado, para adecuarse a las necesidades de los usuarios y la actualización constante del directorio de restaurantes y establecimientos de comida.
2. Conocimiento del régimen fiscal que afecta al tipo de empresa a constituir, beneficios fiscales y actualización a la ley de protección de datos.
3. Creación de una plataforma innovadora, con contenido de alto valor e interés. Con un ratio de engagement alto y capacidad de generar viralidad.
4. Procesos de fidelización y retención de usuarios, a través de concursos en la plataforma y redes sociales para generar el "boca a boca".

D. Amenaza de productos sustitutos

En la medida que el mercado vaya aceptando y usando con más frecuencia la plataforma irán apareciendo productos o aplicaciones similares. Esta tercera fuerza competitiva está muy relacionada con la innovación tecnológica y depende de las posibilidades de inversión en tecnología que tenga otra empresa. Como suele suceder en el mundo de portales y aplicaciones, si un producto logra tener éxito y generar resultados positivos lo más seguro es que sea absorbida o comprada por una empresa mayor que quiera aprovecharse del nicho y la demanda creada.

E. Rivalidad entre los competidores

De acuerdo con Porter, ésta quinta fuerza es el resultado de las cuatro fuerzas anteriores y la más importante en una industria porque ayuda a que una empresa tome las medidas necesarias para asegurar su posicionamiento en el mercado a costa de los rivales existentes.

Numerosas características son las que determinan el éxito frente a los competidores, todas giran alrededor del usuario final, que es el que en realidad influirá sobre el éxito o el fracaso de la actividad comercial. A continuación, se remarcan las más importantes:

✓ Calidad e imagen de la plataforma
✓ Contenido
✓ Facilidad de uso
✓ Accesibilidad

- ✓ Viralidad
- ✓ Personalización
- ✓ Mejoras constantes a nivel tecnológico

Los competidores potenciales son todos aquellos portales que se dedican a la creación de reseñas y recomendaciones de restaurantes y establecimientos de comida, además de aquellas que no han entrado todavía en el sector, pero tienen potencial para pasar a ser los competidores directos.

3. ESTUDIO DE MERCADO

El sector de la restauración no es ajeno al impacto de la revolución digital. La posibilidad de hacer públicas opiniones o recomendaciones a través de plataformas o redes sociales ha generado nuevos hábitos de consumo y ha sido también la base de nuevos modelos de negocio.

Según un estudio realizado por *ReviewTrackers* un 47,7% de clientes considera que las reseñas y recomendaciones en portales online influencian altamente en la elección del restaurante al cual ir[5].

En otro estudio realizado por el Prof. Michael Luca de la Harvard Business School encontró que un aumento de una estrella en una calificación de Yelp conduce a un incremento entre un 5% y un 9% en ingresos. Las conclusiones de Luca se basan en las ventas de restaurantes de Seattle en 2003, antes de la aparición de Yelp desde 2004 a 2009. En resumen, las reseñas y comentarios online pueden ayudar a mejorar o romper por completo su negocio[6].

---

[5] "Restaurant Guests More Likely to Leave Positive Reviews on Facebook", Review Trackers, Megan Wenzl,
https://www.reviewtrackers.com/online-reviews-restaurants/, (23 marzo 2017)
[6] "Reviews, Reputation, and Revenue: The Case of Yelp.com", Harvard Business School, Michael Luca,
http://www.hbs.edu/faculty/Publication%20Files/12-016_a7e4a5a2-03f9-490d-b093-8f951238dba2.pdf, (Septiembre 2011)

a) Análisis del sector:

El sector de la restauración es uno de los más activos en el país y uno de los motores de la economía. Según las estadísticas, existen más de 70.000 locales de restauración en el país, siendo la mayoría de ellos micropymes que emplean de una a cinco personas. De hecho, España es el país con más densidad de bares (1 bar por cada 175 personas)[7].

La previsión del sector para 2017 es que el sector crecerá un 1,6% y un 1,5% en 2018, unos 1200 por año, siempre que las grandes variables macroeconómicas se mantengan estables.

El consumo per cápita en restauración también se ha incrementado ligeramente. Cada español realiza de media unas 155 visitas al año a locales de restauración, gastando de media unos 860€ por persona y año (año base, 2017).

Unos nueve millones de personas utilizan o han utilizado apps y redes sociales para elegir restaurante en España, la comida social vende y el concepto Tech Food comienza a ser muy importante.

---

[7] "Estadísticas sobre el sector de la restauración en España", Mapal Software, http://mapalsoftware.com/estadisticas-sobre-sector-de-la-restauracion-espana/, (enero 2017)

En definitiva, las últimas estadísticas sobre el sector de la restauración en España muestran una razonable recuperación desde la crisis y una oportunidad para proyectos relacionados con la gastronomía y la restauración.

b) Análisis de la demanda:

La demanda se define como la cantidad de bienes/servicios que el mercado requiere o solicita para buscar la satisfacción de una necesidad específica a un precio determinado.

En la mayoría de los casos las reseñas y comentarios tienden a ser escritas por gente que ha tenido una experiencia excepcionalmente buena o muy mala.
Los usuarios que publican comentarios en Yelp y TripAdvisor no son demográficamente representativos. Desafortunadamente, no hay estadísticas confiables sobre quién contribuye a estos sitios. Sin embargo, sabemos sobre la base de usuarios en general, aunque algunos grupos están sobrerrepresentados, lo que distorsiona los resultados.

En comparación con la población general, los usuarios de Yelp son más propensos a ser mujeres (54%), con muchas más probabilidades de haber asistido a la universidad o tener un posgrado (~

72%) y tienen mayores ingresos (~ 38% tienen un ingreso familiar aproximado de 90.000 €/año). Los usuarios femeninos de Yelp son más propensos que los usuarios masculinos a escribir críticas, combinado con la sobrerrepresentación de las mujeres en la base de usuarios en general, el número de revisiones escritas por las mujeres es probablemente por lo menos el 60%.

¿Afectan estas diferencias demográficas? Aunque no es posible asegurarlo, es fácil ver cómo podrían hacerlo. Las mujeres, por ejemplo, son más conscientes sobre la salud que los hombres y son mucho más propensas a ser vegetarianas o veganas (79% de los veganos en los Estados Unidos son mujeres). Estas características probablemente afectan al ranking de restaurantes que ofrecen menús con estas preferencias comparado a los que no la ofrecen. Se puede hablar sobre las estadísticas de las web en general para tener una idea de la frecuencia con la cual los usuarios acceden, consultan fichas de restaurantes, crean reseñas y comentarios y entender que estos datos son fruto de la demanda y necesidad de una población en acceder a esta información. Esta información estará incluida en el apartado de

La demanda de este tipo de portales va en crecimiento y está vinculada a la necesidad de expresar y compartir una experiencia tanto positiva como negativa. El portal TripAdvisor ha anunciado recientemente que se generan 290 comentarios por minuto. Este es un dato que luce sumamente elevado, y demuestra el interés de las personas en compartir su punto de vista y vivencias sobre un servicio.

Figura 3 - Datos de TripAdvisor - Marzo 2017

Truedishes.tv se dirige a dos segmentos: al propietario de restaurante o establecimiento de comida y a los usuarios de plataformas y portales online de publicación de reseñas y comentarios.

c) Análisis de la competencia:

Para poder saber con qué se enfrenta y modelar una propuesta de valor en base a ello, se necesita conocer los portales que cubren la misma necesidad que **truedishes.tv**: cual es proporcionar una plataforma de reseñas y comentarios online en formato video para restaurantes y establecimientos de comida.

Actualmente no existe ninguna plataforma que sea exclusivamente de reseñas y comentarios en formato video. La red social que más se puede aproximar es

31

Instagram y ni su objetivo ni su estrategia es el misma que *truedishes.tv*. Los portales online actualmente dedicados a las reseñas de restaurantes como Yelp, TripAdvisor y Tastemade todavía no han logrado incorporar este formato a su modelo de negocio. A continuación, se analizará cada portal de la competencia:

- **TripAdvisor:**

Según Wikipedia, *TripAdvisor, Inc. es un sitio web que proporciona reseñas de contenido relacionado con viajes. También incluye foros de viajeros. Los servicios del sitio web son gratuitos y son los usuarios son quienes proporcionan la mayor parte del contenido. El sitio web se financia con publicidad*[8].

Figura 4 - Datos de TripAdvisor - Marzo 2017

[8] "TripAdvisor", Wikipedia, https://es.wikipedia.org/wiki/TripAdvisor, (Julio 2017)

Cuenta con más de 500 millones de opiniones y comentarios sobre la mayor selección mundial de listados de viajes en todo el mundo - más de 7 millones de alojamientos, aerolíneas, atracciones y restaurantes - TripAdvisor ofrece a los viajeros la información necesaria para ayudarles a decidir dónde alojarse, volar, qué hacer y dónde comer.

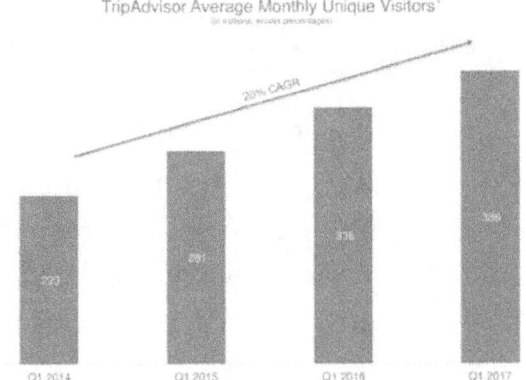

Figura 5 - Datos de TripAdvisor - Marzo 2017

Durante el año 2017 TripAdvisor ha realizado el despliegue de su nuevo producto Storyboard, con el cual pretende que los restaurantes capten más clientes a través de este nuevo formato de publicidad contando su historia y poniéndose un paso adelante de la competencia.

Figura 6 - Funcionalidad de pago para restaurantes en TripAdvisor

Storyboard, que transforma fotos y comentarios en un video promocional de alta calidad, es una herramienta fácil de usar, simplemente el restaurante debe elegir sus mejores fotos, revisar fragmentos de textos y etiquetas, y publicarlo.

Features & Pricing For 128 Rambla Restaurant	Basic Free Current	Premium €38.99 / month Group discounts available Select
Attention-Grabbing Storyboard		✓
Showcase a Favourite Review		✓
Capitalise on Exclusive Data		✓
Get Priority Phone Support		✓
Performance Trends for Multiple Restaurants		✓
Review Response for Multiple Restaurants		✓
Respond to Reviews	✓	✓
Manage Business Profile	✓	✓
Access Exclusive Tips & Articles	✓	✓

Figura 7 - Características y Precios de Storyboard de TripAdvisor

- **Yelp:**

Yelp se define como un lugar en el cual el objetivo es "conectar a la gente con fantásticos pequeños comercios"[9].

Fue fundada en 2004 en San Francisco, California, publican opiniones sobre empresas locales, y como valor agregado también capacita a pequeñas empresas sobre cómo gestionar y responder a comentarios.

Yelp.com tiene 135 millones de visitantes mensuales y 95 millones de comentarios. Los ingresos de la empresa provienen de la publicidad de empresas.

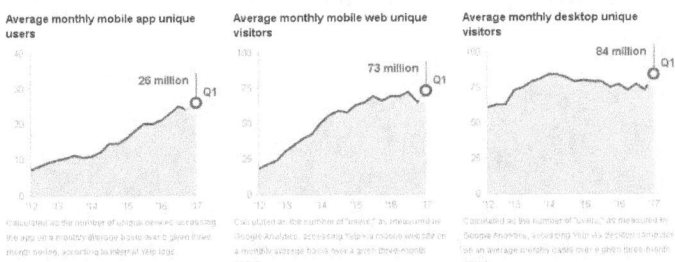

Figura 8 - Datos de Yelp - Q12017

Durante el Q1 2017, Yelp tuvo una media mensual de 26 millones de visitantes únicos que accedieron a Yelp a través de la aplicación de Yelp para dispositivos móviles y 73 millones de visitantes

9 "Sobre Yelp", Yelp, https://www.yelp.es/about, (Julio 2017)

únicos que visitaron Yelp a través de la página web para dispositivos móviles.

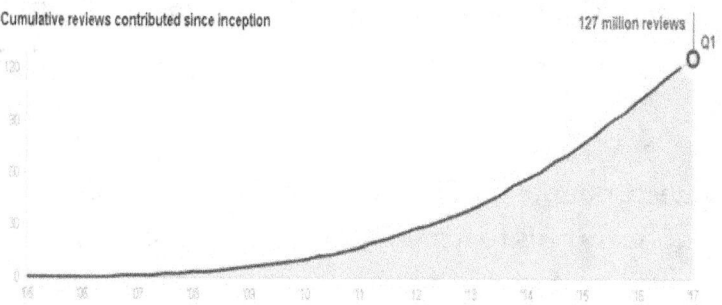

Figura 9 - Datos de Yelp - Q12017

Actualmente cuenta con más de 127 millones reseñas publicadas. Cualquier propietario (o responsable) de negocio puede crear una cuenta gratuita para publicar fotos y enviar mensajes a sus clientes.
Yelp es accesible a través de iPhone y Android.

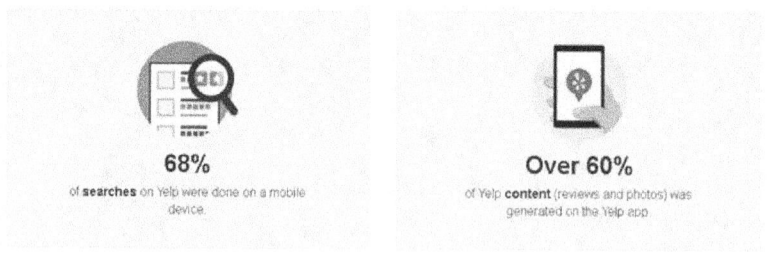

Figura 10 - Datos de Yelp - Q12017

Conclusiones del análisis de la competencia.

Tal y como se puede ver en detalle se han identificado en los competidores una serie de fortalezas y debilidades, que deberemos incluir o evitar en nuestra propuesta de valor. Estas son las siguientes:

PORTAL	FORTALEZAS	DEBILIDADES
TripAdvisor	• Marca reconocida a nivel mundial • Altos recursos internos para innovar y desarrollar funcionalidades	• Excesivo volumen de comentarios en algunas fichas • No aceptan formato Video • Formato Video es una funcionalidad de pago
Yelp	• Claro concepto de contribución por personas locales • Geolocalización de negocios	• Poca penetración en EU • No aceptan formato Video

3.1. Diseño de la Encuesta

Se realizará una investigación para tener la información sobre las necesidades y preferencias de los usuarios en cuanto a portales de uso frecuente, frecuencia con la que se suben opiniones, si se suben fotos junto con las opiniones, y si el formato de video tiene algún atractivo en estos portales.

Es importante recordar que la recopilación de datos deberá proporcionar información útil para lograr los objetivos de dicha investigación de mercado y que esta sirva para la toma de decisiones.

Objetivos de la encuesta:

✓ Obtener información relevante para evitar posibles riesgos en la toma de decisiones y al mismo tiempo generar las mejores estrategias para llevar a cabo este proyecto si el mismo resulta favorable para el mercado al que está dirigido.

✓ Conocer a quien dirigir nuestro producto y conocer la demanda de nuestros potenciales clientes, sus necesidades y problemas.

✓ Determinar si existe una oportunidad de negocio

Objetivo y target:

La encuesta se hará en formato digital y se colgará en redes sociales para tener el mayor alcance posible. Participaran todas las personas que puedan acceder al link.

Diseño de la encuesta:

Una buena encuesta ha de estar bien estructurada, las preguntas han de seguir preferiblemente un orden en su exposición, han de estar correctamente formuladas, y algunas de ellas, han de seguir unas determinadas escalas de medición.

Encabezado:

Estamos realizando una encuesta para valorar la viabilidad de un proyecto online relacionado con el sector de la restauración y las opiniones y valoraciones de estos locales.

A continuación, te haremos unas breves preguntas sobre ti:

1. ¿Qué edad tienes?
00 - 18
19 - 30
31 - 40
41 - 50
51 - 60
Más de 60

2. ¿Cuál es tu género?
Hombre
Mujer

3. ¿Cuál es tu ocupación actual?
Soy empleado(a)
Tengo un negocio propio
Estoy desempleado(a)
Soy retirado o jubilado
Prefiero no responder

Ahora te haremos unas preguntas sobre tus hábitos de compra online:

4. Sueles reservar restaurantes a través de internet?
Si
No

5. Cuando vas a reservar un restaurante en internet consultas opiniones y comentarios sobre este?
Si
No

6. Consideras que leer opiniones o comentarios de restaurantes afecta en tu elección?
Si
No

7. Conoces alguno de los siguientes portales?
TripAdvisor Yelp
Si
No

8. Has consultado opiniones y comentarios de restaurantes en alguno de estos portales?
TripAdvisor Yelp
Si
No

9. Has subido alguna vez una opinión o comentario a alguno de estos portales?

TripAdvisor Yelp

Si

No

10. Te gustaría tener la posibilidad de ver videos junto a las opiniones o comentarios que lees?

Si

No

11. Te gustaría tener la posibilidad de subir videos junto a las opiniones o comentarios Que publicas?

Si

No

12. Crees que el video es una buena herramienta para transmitir una experiencia?

Si

No

3.2. Presentación de los Resultados

El presente capítulo tiene como objetivo presentar los resultados obtenidos a partir de la encuesta realizada a diversas personas que pertenecen al público objetivo. Los resultados arrojan información valiosa para interpretar la viabilidad de desarrollo de la idea de negocio. La muestra de la encuesta es de 300 personas ubicadas en la ciudad de Barcelona. A continuación, se presentan los resultados por instrumento diseñados para el estudio.

1. ¿Qué edad tienes?

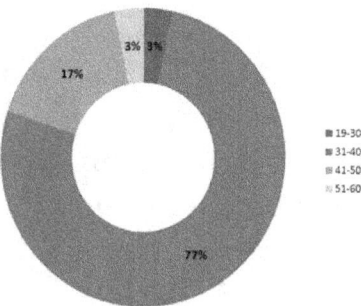

Figura 11 - Resultados Encuesta: Pregunta #1 ¿Qué edad tienes?

2. ¿Cuál es tu género?

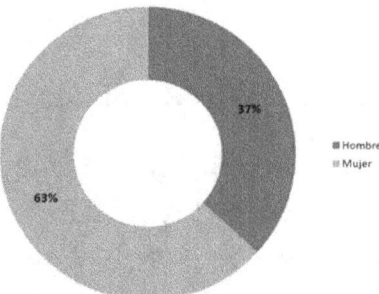

Figura 12 - Resultados Encuesta: Pregunta #2 ¿Cuál es tu género?

3. ¿Cuál es tu ocupación actual?

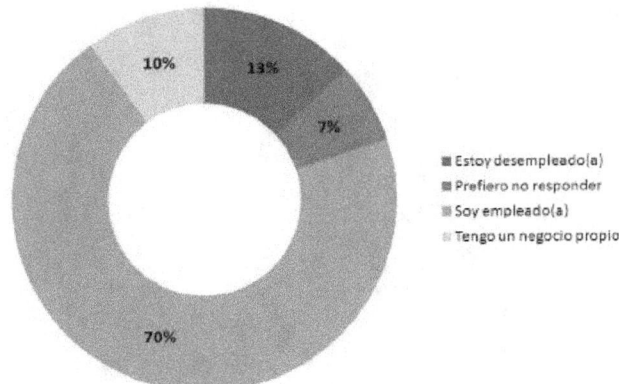

Figura 13 - Resultados Encuesta: Pregunta #3 ¿Cuál es tu ocupación actual?

4. ¿Sueles reservar restaurantes a través de internet?

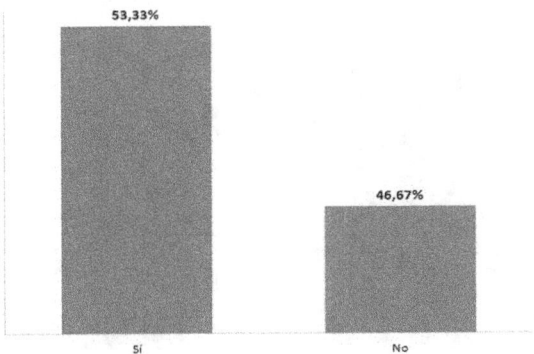

Figura 14 - Resultados Encuesta: Pregunta #4 ¿Sueles reservar restaurantes a través de internet?

43

5. ¿Cuándo vas a reservar un restaurante en internet consultas opiniones y comentarios sobre este?

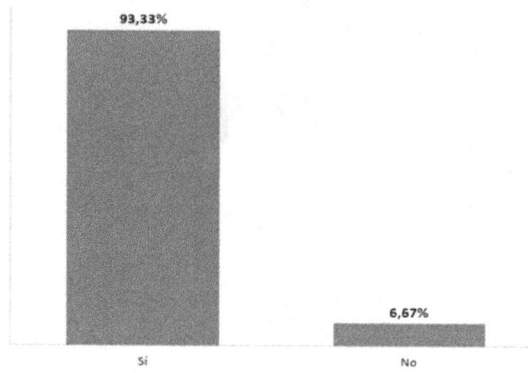

Figura 15 - Resultados Encuesta: Pregunta #5 ¿Cuando vas a reservar un restaurante en internet consultas opiniones y comentarios sobre este?

6. ¿Consideras que leer opiniones o comentarios de restaurantes afecta en tu elección?

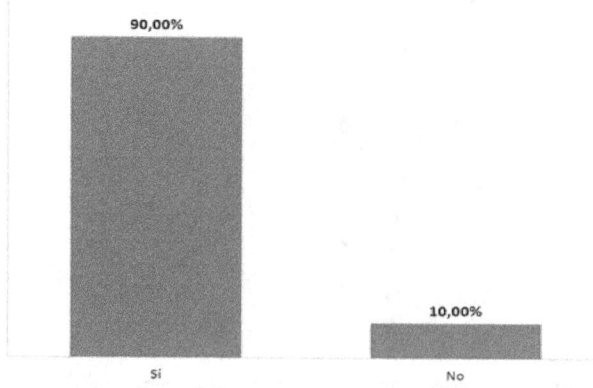

Figura 16 - Resultados Encuesta: Pregunta #6 ¿Consideras que leer opiniones o comentarios de restaurantes afecta en tu elección?

7. ¿Conoces alguno de los siguientes portales?

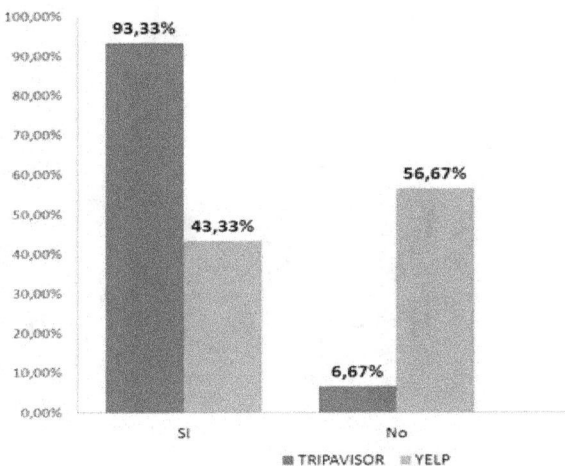

Figura 17 - Resultados Encuesta: Pregunta #7 ¿Conoces alguno de los siguientes portales?

8. ¿Has consultado opiniones y comentarios de restaurantes en alguno de estos portales?

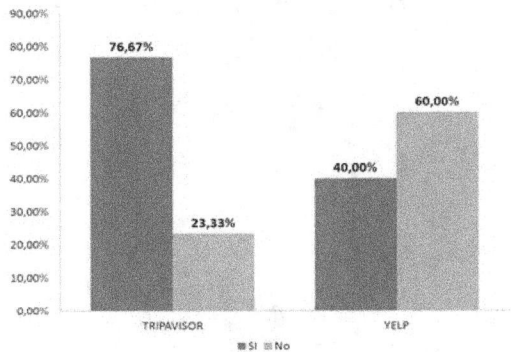

Figura 18 - Resultados Encuesta: Pregunta #8 ¿Has consultado opiniones y comentarios de restaurantes en alguno de estos portales

9. ¿Has subido alguna vez una opinión o comentario a alguno de estos portales?

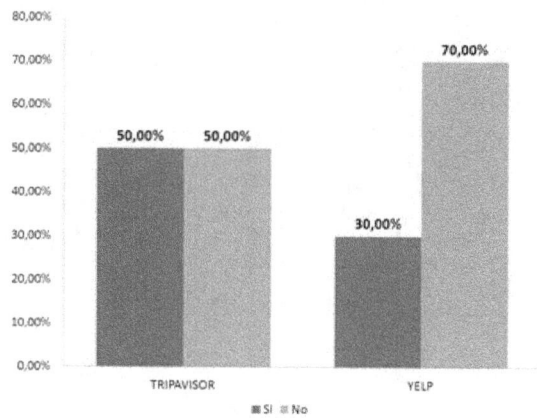

Figura 19 - Resultados Encuesta: Pregunta #9 ¿Has subido alguna vez una opinión o comentario a alguno de estos portales?

10. ¿Te gustaría tener la posibilidad de ver videos junto a las opiniones o comentarios que lees?

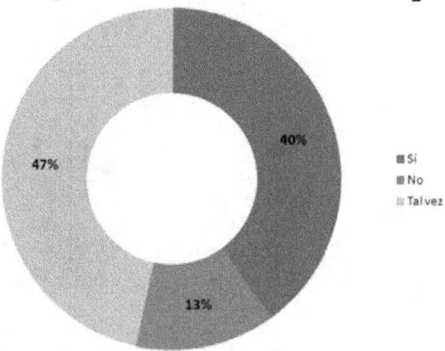

Figura 20 - Resultados Encuesta: Pregunta #10 ¿Te gustaría tener la posibilidad de ver videos junto a las opiniones o comentarios que lees?

11. ¿Te gustaría tener la posibilidad de subir videos junto a las opiniones o comentarios que publicas?

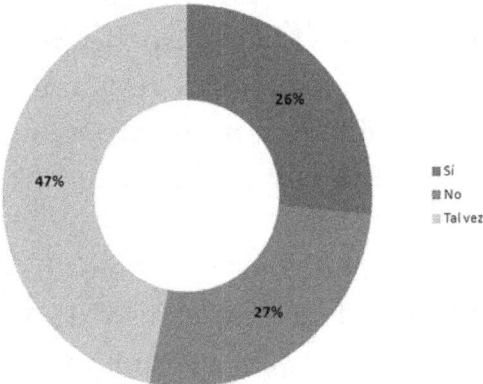

Figura 21 - Resultados Encuesta: Pregunta #11 ¿Te gustaría tener la posibilidad de subir videos junto a las opiniones o comentarios que publicas?

12. ¿Crees que el video es una buena herramienta para transmitir una experiencia?

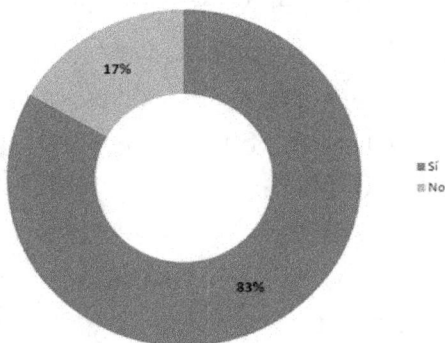

Figura 22 - Resultados Encuesta: Pregunta #12 ¿Crees que el video es una buena herramienta para transmitir una experiencia?

3.3. Conclusiones del Estudio

El objetivo del estudio era valorar el impacto en la sociedad que tendría el uso de una aplicación o portal para ver opiniones de restaurantes en formato video. Los resultados servirán de apoyo para estimar el nivel de viabilidad del proyecto.

Como conclusión general se puede decir que la sociedad considera que el uso de videos es una buena herramienta para transmitir una experiencia.

Del total de encuestados un 83% afirma que el video es una buena herramienta para transmitir una experiencia, esto indica que la sociedad podría valorar positivamente el hecho de consultar o ver un video antes de ir a un restaurant.

Otro indicador relevante es el resultado de la pregunta #13: *"¿Te gustaría tener la posibilidad de ver videos junto a las opiniones o comentarios que lees?"*, un 40% respondió que Sí, un 13% que NO, pero un 46% respondió TAL VEZ.

Estos resultados confirman que el hecho de ver un video junto a opiniones y comentarios de restaurantes es una idea que muchos creen que tiene valor añadido.

Sobre los hábitos de consumo y tendencias, los resultados muestran cómo efectivamente la sociedad considera que leer una opinión antes de ir a un restaurante influye e incide en la elección del restaurante. El 93% de los encuestados contestaron que Sí consultan opiniones de restaurantes en portales como TripAdvisor o Yelp y un 90% respondió que SÍ considera que el contenido de esa opinión afecta en la elección de un restaurante.

En relación al uso o interacción con portales de opiniones de restaurantes, los resultados varían por marca/web debido a la penetración y cuota de mercado de cada una: TripAdvisor es una marca mundialmente conocida y usada por millones de usuarios en todo el planeta, mientras que Yelp sigue siendo relevante en USA pero en otros países sigue batallando para lograr entrar.

A la pregunta #7 "*¿Conoces alguno de los siguientes portales?*", un 93% respondió que SÍ conoce TripAdvisor mientras que sólo un 43% conoce Yelp.

La siguiente pregunta #8 "*¿Has consultado opiniones y comentarios de restaurantes en alguno de estos portales?*" confirma cual es el nivel del uso que tiene cada portal. Del total de encuestados un 76% afirma consultar TripAdvisor para leer opiniones y comentarios de restaurantes, mientras que sólo un 23% afirma usar Yelp.

Un hallazgo importante está relacionado con los resultados de la pregunta #14 "¿Te gustaría tener la posibilidad de SUBIR videos junto a las opiniones o comentarios que publicas?" las respuestas obtenidas podrían están influenciadas por la situación actual de desconocimiento o de que en la actualidad no existe una aplicación o portal que permita realizar esta actividad.

Los encuestados respondieron equitativamente SÍ y NO con un 27% para cada respuesta, pero el 46% respondió que TAL VEZ les gustaría tener la posibilidad de subir videos junto a opiniones de restaurantes.

Los resultados obtenidos en este estudio reflejan la situación actual y al mismo tiempo muestran cuál podría ser la aceptación de un producto como el planteado en el proyecto.

Se recomienda hacer un estudio más profundo sobre el uso de aplicaciones móviles para determinar más variables que puedan afectar en el comportamiento del usuario.

4. ESTRATEGIA

4.1. Misión
Mejorar la calidad de vida de las personas y de la sociedad global a través de la innovación.

4.2. Visión
Ser referente en el sector de la restauración: ofreciendo a los usuarios la mejor manera de seleccionar un restaurante, y al mismo tiempo maximizar la visibilidad del restaurante y su producto.

4.3. Objetivos

A. Desarrollar un portal de reseñas y comentarios online en formato video para restaurantes y establecimientos de comida.
B. Penetrar con rapidez en el mercado para posicionarnos como un portal innovador y diferente a los existentes.
C. Tener creada la ficha de 80.000 restaurantes en 5 años. (total de restaurantes en España).
D. Conseguir como mínimo 30.000 usuarios registrados en el portal en 5 años.
E. Expansión a nuevos mercados a partir del tercer año (Por ej.: Alemania, Francia, UK, Italia).

4.4. Valores y Códigos Éticos

Los valores de una empresa son los pilares más importantes de cualquier organización. Son principios éticos sobre los que se asienta la cultura de una empresa y permiten crear nuestras pautas de comportamiento. Con ellos en realidad se define a sí misma, porque los valores de una organización son los valores de sus miembros.

A. **Innovación:** siempre se contará con las tecnologías más avanzadas y los recursos más adecuados para contribuir a ser un portal original y actualizado.
B. **Adaptabilidad:** se tendrá la capacidad y conciencia de estar en constante aprendizaje para poder adaptarse a los cambios que se puedan producir en el futuro y en el entorno.
C. **Familia:** se gozará con la posibilidad de tener unas condiciones laborales flexibles. Lograr la conciliación familiar es un elemento muy importante para el día a día de la empresa.
D. **Constancia:** la constancia se verá reflejada en resultados, en beneficios tanto personales como para la empresa. Esto ayudará a reforzar el sentimiento de identificación con la empresa.
E. **Transparencia:** Proporcionando información continua, veraz, clara y objetiva.

4.5. Dafo

Como parte del análisis de la estrategia es imprescindible considerar con detenimiento las debilidades, fortalezas, amenazas y oportunidades con el fin de optimizar la estrategia de la compañía.

DEBILIDADES	AMENAZAS
D1. Inversión inicial al ser empresa de nueva creación. D2. Empresa nueva sin respaldo de alguna marca grande.	A1. Rápida aparición de competidores con mayores recursos. A2. Poco interés de los propietarios de restaurantes.
FORTALEZAS	OPORTUNIDADES
F1. Proyecto innovador. F2. Target habituado a las herramientas online.	O1. Hasta los momentos no existe un competidor establecido. O2. Herramientas con formato video en pleno auge (Snapchat, Youtube, etc.).

5. MARKETING

El Marketing cuenta con varias definiciones, según el Dr. Philip Kotler el marketing es "*La ciencia y el arte de explorar, crear valor para satisfacer las necesidades de un mercado objetivo con un beneficio. El Marketing identifica las necesidades y los deseos. Define, mide y cuantifica el tamaño del mercado y el beneficio potencial. Identifica a cuáles segmentos la empresa es capaz de servir mejor y diseña y promueve los productos y servicios apropiados*"[10].

El plan de marketing es el instrumento central para dirigir y coordinar el proceso de entrega de valor y el conjunto de actividades de marketing dirigidas a perseguir objetivos de mercadeo.

Por tanto, se estudiará lo que los clientes quieren y se desarrollará una oferta comercial que cree valor para los clientes objetivo.

Este proceso de exploración y creación de valor se compone de dos etapas. La primera consiste en analizar las oportunidades del mercado, definir la estrategia de marketing que se va a seguir, a través de la segmentación del mercado y selección del

---

[10]"Dr. Philip Kotler Answers Your Questions on Marketing", Kotler Marketing Group,
http://www.kotlermarketing.com/phil_questions.shtml#answer3, (2016)

público objetivo. La segunda es el Marketing Mix, o las 4Ps, que consiste en la definición de cuatro aspectos versátiles de la estrategia: Distribución (Place), Precio (Price), Producto (Product) y Promoción (Promotion).

5.1. Oportunidades del Mercado

Una oportunidad de marketing es un área donde el comprador tiene una necesidad y un interés en el que hay una alta probabilidad de que una empresa pueda satisfacer rentablemente esa necesidad. Hay muchas maneras de encontrar oportunidades de marketing:

- ✓ Suministrando algo que es escaso.
- ✓ Mejorando un producto o servicio existente.
- ✓ Creando un producto o servicio nuevo.

Truedishes.tv ha detectado las siguientes oportunidades:

- ✓ Ofrecer un espacio donde poder dar visibilidad a restaurantes y locales de comida.
- ✓ Generar contenido en formato video para un nicho donde las recomendaciones y opiniones son altamente valoradas.

5.2. Propuesta de Valor

Uno de los principales desafíos de **Truedishes.tv** es dar valor a los clientes al mismo tiempo que genera beneficios.

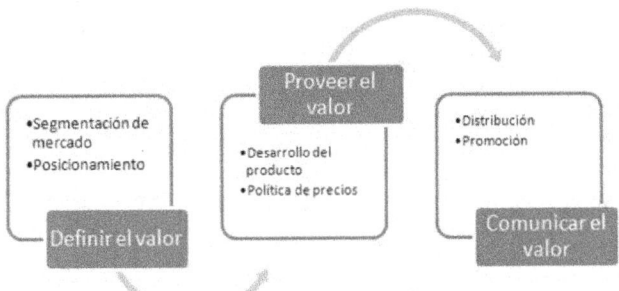

Figura 23 - Propuesta de Valor

La propuesta de valor consta de tres fases:
1. La primera fase, definición del valor, representan todas las acciones que anteceden a la creación del producto. Segmentación del mercado, definición de público objetivo y el posicionamiento del producto. La fórmula de segmentación, targeting y posicionamiento (STP, siglas en inglés para Segmentation, Targeting and Positioning)[11] es esencial para la elaboración de la estrategia de marketing.

---

[11]Kotler, P. & Keller K. L. (2005), Marketing Management, 12th edition, Pearson Prentice Hall.

2. La segunda fase es proveer el valor, se definen los atributos y características del producto y la política de precios.
3. La tercera fase consiste en comunicar el valor usando la fuerza de ventas para la distribución, promoción, publicidad y cualquier herramienta de comunicación para promocionar el producto.

5.3. Segmentación

La primera cosa que se debe hacer al definir un plan de marketing es estar realmente consciente de que los clientes son totalmente diferentes. Por lo tanto, se debe entender las necesidades que tienen y adaptar la propuesta de valor a cada segmento objetivo.

La segmentación de un mercado es el proceso de dividir un mercado en grupos, conocidos como segmentos, de clientes con necesidades o características similares que probablemente presenten un comportamiento de compra similar. Al segmentar el mercado, la empresa está reconociendo que diferentes tipos de clientes pueden requerir diferentes productos o enfoques de marketing (mix de marketing).

Existen diferentes criterios para identificar las variables de segmentación del mercado, la forma más sencilla es distinguir entre criterios geográficos, sociodemográficos (comunes a toda la población), de conducta (orientados a un producto o servicio) y psicográficos (aportan información cuantitativa).

Para poder segmentar este mercado se han creado variables de segmentación y de negocios para poder priorizar a los clientes objetivo. Se ha creado una clasificación de los diferentes clientes potenciales junto con sus principales características en términos de las variables seleccionadas.

	Variable de Segmentación	Público Objetivo	
		Usuarios	Dueños de Restaurantes
Demográficas	Región	Barcelona	Barcelona
	Urbano/Rural	Urbano	Urbano
Demográficas	Edad	18-50 años	20-70 años
	Género	Mujeres - Hombres	Mujeres - Hombres
	Ocupación	Empleados Autónomos Estudiantes	Empleados Autónomos
Psicográficas	Estilo de Vida	Trabajo o estudia, activo, asiduo de redes sociales, descubridor de nuevos locales, trendsetter.	Trabaja, busca oportunidades de crecimiento de negocio
	Gustos personales	Gastronomía, Tecnologías, Redes sociales.	Gastronomía, Tecnologías, Redes sociales.
De Conducta	Beneficio deseado	Aprobación, exposición, comunidad de seguidores, recompensas, visibilidad.	Visibilidad, incremento de ingresos
	Expectativas	Constante	Constante

5.4. Targeting

Una vez que los segmentos están definidos, hay que evaluar qué segmentos presentan la mayor oportunidad para el negocio y hacer una oferta para este segmento específico.

Es necesario cuantificar el valor que cada segmento de clientes tiene para *Truedishes.tv*. Para realizar esto, se han definido los siguientes factores:

- Población dentro del segmento: 5 millones de personas aproximadas*.
- Gasto medio anual en restaurantes por persona: 1.071€.
- Promedio de uso de internet en teléfonos móviles: 1 hora 53 min12.
- Promedio de uso de redes sociales: 1 hora 41 min.
- Crecimiento en usuarios activos en redes sociales: +7%.
- % de usuarios visualizando videos desde el teléfono móvil: 78% (+205% Vs 2016).
- % de usuarios que ven videos todos los días 33%.
- Número de restaurantes y bares de Barcelona: 5.724.

*Datos tomados de www.idescat.cat

Se adopta una estrategia de marketing concentrada, en la cual se establece como público objetivo a un grupo de reducido de segmentos y se concentran los esfuerzos en atender a estos segmentos.

La primera cosa que se debe hacer al definir un plan de marketing es estar realmente consciente del negocio.

5.5. Posicionamiento

El posicionamiento es el acto de diseñar la oferta y la imagen de la empresa para ocupar un lugar distintivo en la mente del mercado objetivo (Kotler & Keller, 2005, p.310)[12].

Dentro del plan estratégico del plan de marketing, la elección de un posicionamiento es el último paso, el cual, a su vez, es previo a la formulación de estrategias en la mezcla de marketing, ya que por medio de las 4 P's, la empresa construye o da soporte al posicionamiento elegido.

La importancia del posicionamiento radica en que permite conocer el verdadero lugar que se tiene de un producto, servicio, marca, empresa, en la mente del consumidor, con relación a la competencia, de modo que en caso de que este lugar no coincida con el buscado por la empresa, se pueden proponer Nuevas estrategias de posicionamiento para modificar dicho lugar.

---

[12] En: "2017 DIGITAL YEARBOOK: DIGITAL DATA FOR EVERY COUNTRY IN THE WORLD", We Are Social,
https://wearesocial.com/uk/special-reports/2017-digital-yearbook, (2017)

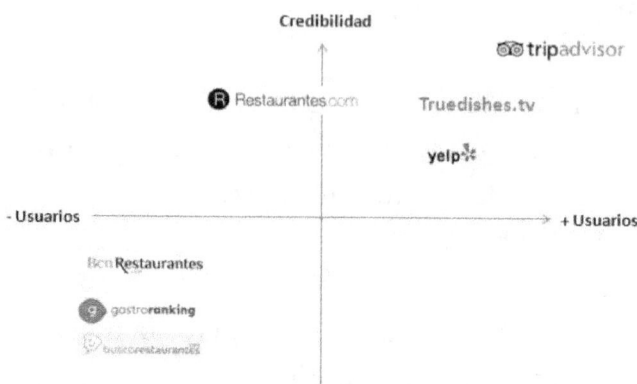

Figura 24 - Mapa de Posicionamiento

Como se aprecia en el mapa de posicionamiento TripAdvisor es la empresa del sector percibida con mayor número de usuarios, mientras que las demás se encuentran valoradas con una calificación muy distinta. En relación a la credibilidad del contenido existen grandes diferencias entre los competidores, pero sin duda el líder también es TripAdvisor.

Para la estrategia de posicionamiento, se buscará posicionar a Truedishes.tv en base a los atributos del producto y beneficios que reporta:

- Opiniones de restaurantes en formato video
- Espacio publicitario para el establecimiento.
- Mejor experiencia previa a la visita de un establecimiento

Las siguientes preguntas ayudarán a resumir el posicionamiento de **Truedishes.tv:**

- **¿Un producto para qué?** Para ofrecer un espacio donde subir y ver videos que opiniones de restaurantes y donde los restaurantes puedan hacer publicidad en formato video.

- **¿Un producto para quién?** Para todos los usuarios que les gusta leer valoraciones y opiniones de un restaurante antes de ir al mismo. También es una plataforma de publicidad para todos los dueños de restaurantes que quieran tener un medio adicional para mostrar su establecimiento.

- **¿Un producto para cuándo?** Para cualquier momento en que un usuario quiera tener información y opiniones sobre un restaurante. Para cuando el establecimiento quiera hacer una campaña de marketing en formato video sin coste adicional.

Declaración de posicionamiento: usuarios

¿No sabes a donde ir a comer? ¿Te apetece una hamburguesa, una paella o quizás unas tapas? En Truedishes.tv podrás ver lo que comes antes de comerlo. *Truedishes.tv – platos reales, reseñas reales.*

Declaración de posicionamiento: dueños de establecimientos

¿Eres el restaurante Nº145 de 147? Basta de tener el mismo tipo de opiniones, es hora de tener opiniones reales. Truedishes.tv hace tus clientes publiquen videos de sus visitas. ¡La mejor manera de hacer publicidad sin coste alguno! *Truedishes.tv - platos reales, reseñas reales.*

5.6. Mix de Marketing

"Marketing Mix" es una frase utilizada para describir los diferentes tipos de acciones que las empresas tienen que hacer durante todo el proceso de llevar un producto o servicio al mercado.

Las 4Ps es una forma - probablemente la forma más conocida - de definir el marketing mix, y fue expresada por primera vez en 1960 por E. McCarthy.

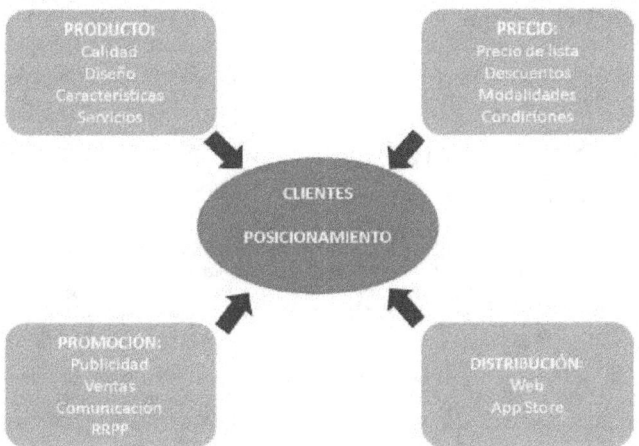

Figura 24 A- Mix de Marketing

Una estrategia de marketing eficaz combina las 4Ps del marketing mix. Está diseñado para cumplir con los objetivos de marketing de la empresa, creando valor a sus clientes. Las 4 Ps del mix de marketing están relacionadas y se combinan para establecer la posición del producto dentro de sus mercados objetivos.

En este apartado se usará el Mix de Marketing para encontrar la mejor manera de llegar a los clientes objetivos. Para tomar decisiones de marketing apropiadas se clasificarán en las siguientes cuatro categorías y las controlaremos con el fin de satisfacer mejor a los clientes en el mercado objetivo.

5.6.1. Producto

Truedishes.tv en su estrategia de lanzamiento, plantea los productos que se describen a continuación:

Usuario:	• Registro y utilización de todas las funcionalidades disponibles de forma gratuita. • Acceso a la base de datos de restaurantes. • Acceso a subir videos de opiniones de restaurantes: Máximo 20 segundos por video y máximo 90 videos al mes. • Posibilidad de compartir el video en redes sociales. • Zona de usuario con información de últimas búsquedas realizadas, búsquedas guardadas, últimos videos subidos, videos más vistos.
Usuario Premium:	por 3€/mes tendrá la posibilidad de subir 180 videos al mes con una duración de 40 seg máxima por video. Tendrá un badge de usuario premium.
Dueños de establecimientos:	• Registro del establecimiento de forma gratuita. • Panel de control del establecimiento: aprobación y rechazo de opiniones. • Gestión del contenido del establecimiento. • Posibilidad de tener un video "featured" como publicidad en el perfil.
Establecimiento Premium:	por 12€/mes podrá destacarse en el listado de resultados de búsquedas. Podrá mostrar el video featured dentro de los resultados de búsqueda. Podrá seleccionar el video de alguna opinión y usarlo como video featured. Podrá tener 5 videos featured dentro de su ficha de establecimiento.

Niveles constitutivos del producto

Kotler señala que un producto proporciona cuatro niveles diferentes de beneficios a su consumidor. Éstos pueden ser básicos, accesorios, estéticos o simbólicos. A medida que un producto ofrece más beneficios, resulta más valioso y atractivo para el consumidor[13].

---

[13] Kotler, P. & Armstrong, G. (2005), Principles of Marketing, 11th edition, Pearson Prentice Hall.

Así, se pueden establecer tres diferentes niveles de producto:

1. **El producto básico:** un portal de opiniones y reseñas de restaurantes en formato video.

2. **El producto aumentado:** las distintas modalidades de perfil existentes para destacarse o generar más contenido.

3. **El producto total:** los usuarios tendrán un reconocimiento social al generar los videos y generar engagement. Los dueños de establecimientos tendrán una plataforma de marketing de bajo coste y alta viralidad.

En lo referente a la estrategia de producto, Truedishes.tv se caracteriza por contar con una estrategia basada en la innovación continua, siempre al día con las últimas tendencias del mundo del internet y de los cambios constantes en los hábitos de consumo de los usuarios. La estrategia permite detectar oportunidades de nuevas funcionalidades y aumentar el rendimiento del portal.

Dentro del mix de marketing el producto conlleva una amplia gama de áreas. Lo obvio es la **calidad** (que no se quede bloqueado, que haga lo que se espera), la **usabilidad** (puede el consumidor averiguar cómo usarlo), y la **apariencia** (que no esté desactualizada, que se vea bien), pero también existen otras áreas que deben ser consideradas, desde cuáles versiones del sistema operativo existe soporte técnico hasta qué características se ofrecen (demasiadas o muy pocas), o qué tecnología y tendencias se incorporan, a cómo interactúa el usuario con la empresa desde la aplicación. Además, ¿cómo se desea que el usuario utilice el portal? -Una visita rápida, que permanezca durante horas, o usar y desechar? Se deben considerar muchas cosas al diseñar la aplicación. A continuación, se enumeran las áreas que hay que tener en cuenta a la hora de crear un portal o aplicación:

1. Calidad
2. Accesibilidad
3. Valor
4. Características
5. Soporte a versiones
6. Uso del cliente
7. Configuraciones
8. Tendencias y tecnología
9. Comunicación con el usuario

5.6.2. Precio

Las decisiones de precios son bastante difíciles y tienen que tener en cuenta muchos factores internos como los objetivos de marketing, estrategia, costos y factores externos como la naturaleza del mercado, la competencia y los clientes. Truedishes.tv hará un estudio preciso sobre los precios para evaluar el precio final de nuestras modalidades de subscripción.

El precio final debe ser: atractivo para los usuarios y clientes, competitivo comparado con el precio de la competencia y sin restar importancia que cree un importante beneficio para la empresa.

La fijación de precios se puede hacer de diversos modos:

- Fijando precios a partir de márgenes
- A través del método del precio objetivo
- Método de fijación de precios basándonos en la demanda
- Fijación de precios basada en la competencia
- Fijación de precios a partir del valor

A fin de evaluar correctamente el precio final de nuestro producto, es necesario analizar los siguientes aspectos:

Costo de desarrollo del portal y la aplicación mobile:

El precio estará condicionado por los componentes que caracterice la aplicación. Por ejemplo, primero habrá que determinar para qué plataformas se desea una aplicación y si se desarrollará de forma nativa o híbrida. Otro factor que influye es el tipo de dispositivo para el que será la aplicación de manera que se producirá un aumento en el coste si se desea que se visualice de forma óptima tanto en smartphones como en tablets.

Se ha usado como base la herramienta online www.howmuchtomakeanapp.com y el coste inicial de desarrollo del portal y la aplicación está alrededor de los 50.000€

Precios actuales de portales similares:

Actualmente el único portal de la competencia que ofrece el mismo servicio es TripAdvisor y el coste de suscripción se hace a medida. Como referencia se puede tomar el precio de otros servicios premium de TripAdvisor y en promedio ascienden a 80 € mensuales.

Definición final de precios *Truedishes.tv*:

En este punto, se ha tenido en cuenta la disposición de los clientes a darse de alta en el portal y también a la suscripción premium.

Será necesario considerar la posible reacción de los competidores una vez que ***Truedishes.tv*** entre en el mercado. Pero como podemos ver, el bajo costo de las modalidades premium deja un campo amplio para ser atractivos.

El portal tiene un potencial muy atractivo ya que es un producto novedoso y que todavía los grandes competidores no han logrado desarrollar. El precio por modalidades premium estará muy por debajo del precio de la competencia que se ha analizado, se aplicará el método de precio objetivo. Fundamentado en los costes, ignorando los precios de los competidores inicialmente y dando importancia al valor percibido por el consumidor.

Se determinará un precio de venta del producto y a continuación se calculará el volumen de ventas que se debe conseguir para cubrir todos sus costes. Por lo tanto, fijar un precio objetivo requiere calcular el punto muerto, que es el umbral mínimo de rentabilidad de la empresa.

5.6.3. Distribución

Al tratarse de un portal online y una aplicación mobile, la distribución es casi directa hacia el usuario. Por un lado, la presencia online es la que determinará cuántos usuarios logran acceder al portal y por otro lado, la correcta subida de la aplicación en los distintos marketplaces de apps determinará cuántas veces es bajada la app.

Para lograr una correcta distribución o acceso será necesario posicionar al portal con las palabras claves más relevantes a las búsquedas relacionadas con el contenido del portal, que en este caso es "opiniones de restaurantes", y otras.

5.6.4. Promoción

El mundo online se distingue por tener la mayor variedad de herramientas y características para hacer promoción a un producto. Las acciones promocionales permiten a los consumidores participar en un proceso de comunicación y puede incitarlos a realizar acciones específicas (registro, descarga, compra, recomendación). Además, si la campaña de marketing que tiene es exitosa, la difusión de información sobre el producto y el servicio se vuelve viral naturalmente, y proporciona una cobertura que puede ser comparable con cifras de medios de comunicación tradicionales.

A continuación, se enumeran las distintas actividades promocionales que se usarán durante la fase de lanzamiento de *Truedishes.tv:*

1. SEO:
El objetivo es lograr ocupar las primeras posiciones en los resultados de búsqueda en los distintos motores como Google, Bing, Yahoo, y otros

similares. Esto se logra mediante la correcta optimización de las páginas, haciendo que el contenido sea relevante para las palabras claves usadas en la búsqueda.

2. SEM:
Se destinará una parte del presupuesto a hacer campañas de coste-por-click en las marcas de aquellos restaurantes que sean populares y reciban la mayor cantidad de visitas. También se harán campañas con palabras claves más genéricas para atraer tráfico nuevo.

3. Campañas de display:

Se destinará otra parte del presupuesto a hacer campañas con banners en la red de páginas de google para crear notoriedad de marca.

4. Social Media Marketing:

A través de las redes sociales se creará una estrategia de captación de seguidores para generar una comunidad de seguidores del portal.

5. Online PR:

Se distribuirán notas de prensa y comunicados a webs y portales del sector para las que publiquen.

5.7. Plan de Marketing

El plan de marketing es el documento escrito que relaciona los objetivos, las estrategias y los planes de acción con las variables del marketing mix de una organización. En otras palabras, recoge la mejor manera de llevar a cabo las actividades de marketing, al mismo tiempo que busca el equilibrio entre la satisfacción de las necesidades del consumidor y la obtención de beneficios empresariales[14].

En el plan de marketing se deben responder algunas preguntas como:
   a) ¿Cuál es la actividad que se desea desarrollar?
   b) ¿Qué bienes se ofrecen?
   c) ¿A quién se venderán?
   d) ¿Dónde se venderán?
   e) ¿Cuánto se venderá?
   f) ¿Cómo lo conocerán

Mediante el plan de marketing, *Truedishes.tv* podrá:
   ✓ Definir objetivos, estrategias, políticas, tácticas para alcanzar los objetivos y metas.
   ✓ Integrar los elementos del mix de marketing de una manera congruente entre sí.

---

[14] *Guía del módulo 2. Unidad 10: Los Instrumentos* del Marketing

✓ Utilizar eficientemente los recursos de la empresa.

✓ Facilitar el control, seguimiento y retroalimentación de los resultados del plan.

A continuación, se muestra el plan de marketing para el lanzamiento y 1er año de Truedishes.tv:

Público Objetivo	1. Usuarios que les gusta dejar opiniones de restaurantes. 2. Dueños de establecimientos
Objetivos	1. Registro de usuarios 2. Registro de usuarios premium 3. Registro de establecimientos premium
KPI	Tasa de Conversión (registros creados / visitas de la web)
Metas	**Obj 1.** - Conversión del 15% para el 1er año **Obj 2.** - Conversión del 2% para el 1er año **Obj 3.** - Conversión del 20% para el 1er año
Posicionamiento	Truedishes.tv - platos reales, reseñas reales.
Línea de producto	Portal online, App Android y Apple
Servicios complementarios	Membresías Premium con coste adicional
Fuerza de ventas	Online
Distribución	Online, app stores
Publicidad	Campañas segmentadas por tipo de cliente: **Usuarios** *¿No sabes a donde ir a comer? ¿Te apetece una hamburguesa, una paella o quizás unas tapas? En Truedishes.tv podrás ver lo que comes antes de comerlo.* **Truedishes.tv - platos reales, reseñas reales.** **Dueños de establecimientos** *¿Eres el restaurante Nº145 de 147? Basta de tener el mismo tipo de opiniones, es hora de tener opiniones reales. Truedishes.tv hace que tus clientes publiquen videos de sus visitas. La mejor manera de hacer publicidad sin coste alguno!* **Truedishes.tv - platos reales, reseñas reales.**

5.7.1 Plan de Acciones

El programa de acciones concreta las actividades específicas que se llevarán a cabo y también las condiciones en que éstas serán realizadas. Así pues, el plan de acciones reúne la información siguiente:

- Las acciones que se pretende llevar a cabo.
- La asignación de responsabilidades: quién tiene que hacerlas.
- La temporalización: el momento y la duración de cada acción.
- El gasto aproximado que implica llevarlas a cabo.

	MESES												TOTAL INVERSIÓN
	1	2	3	4	5	6	7	8	9	10	11	12	
ONLINE MARKETING													
SEO	100 €	100 €	100 €	100 €	100 €	100 €	100 €	100 €	100 €	100 €	100 €	100 €	1.200 €
SEM	2.000 €	2.000 €	2.000 €	2.000 €	2.000 €	2.000 €	2.000 €	2.000 €	2.000 €	2.000 €	2.000 €	2.000 €	24.000 €
Display Banners	100 €	100 €	100 €	100 €	100 €	100 €	100 €	100 €	100 €	100 €	100 €	100 €	1.200 €
Creatividades	900 €	0 €	0 €	300 €	0 €	0 €	0 €	0 €	0 €	300 €	0 €	0 €	1.200 €
SOCIAL MEDIA													
Facebook Ads	200 €	200 €	200 €	200 €	200 €	200 €	200 €	200 €	200 €	200 €	200 €	200 €	2.400 €
Twitter Ads	100 €	100 €	100 €	100 €	100 €	100 €	100 €	100 €	100 €	100 €	100 €	100 €	1.200 €
Instagram Ads	100 €	100 €	100 €	100 €	100 €	100 €	100 €	100 €	100 €	100 €	100 €	100 €	1.200 €
Creatividades	100 €	100 €	100 €	100 €	100 €	100 €	100 €	100 €	100 €	100 €	100 €	100 €	1.200 €
RRPP													
Visitas a dueños de establecimientos	100 €	100 €	100 €	100 €	100 €	100 €	100 €	100 €	100 €	100 €	100 €	100 €	1.200 €
Notas de prensa y comunicados	0 €	0 €	0 €	0 €	0 €	0 €	0 €	0 €	0 €	0 €	0 €	0 €	0 €
Creatividades	300 €	0 €	0 €	300 €	0 €	0 €	300 €	0 €	0 €	300 €	0 €	0 €	1.200 €
OFFLINE MARKETING													
POP	1.500 €	0 €	0 €	0 €	0 €	1.500 €	0 €	0 €	0 €	0 €	0 €	0 €	3.000 €
Diseño	300 €	0 €	0 €	0 €	0 €	200 €	0 €	0 €	0 €	0 €	0 €	0 €	400 €
Estudios de Mercado	500 €	0 €	0 €	500 €	0 €	0 €	500 €	0 €	0 €	500 €	0 €	0 €	2.000 €
TOTAL	5.600 €	2.800 €	2.800 €	3.900 €	2.800 €	4.800 €	3.900 €	2.800 €	2.800 €	3.900 €	2.800 €	2.800 €	41.400 €

Anexo 1 - Plan de Acción

Para medir el impacto en nuestros objetivos, se tomarán las siguientes métricas:

- Visitas mensuales
- Tasa de conversión de visitas en objetivos (registrados/visitas)

- Tasa de conversión de cuentas Premium (cuentas Premium creadas/cuentas básicas totales)
- Churn (bajas/usuarios totales)

5.7.2 Control del Plan de Marketing

Se analizarán continuamente los resultados obtenidos para saber qué acciones son más efectivas y cuales necesitan ser reforzadas. Se podrá asignar una partida presupuestaria adicional si se considera necesario realizar un apoyo extra.

En el caso de que las acciones planteadas no lleguen a cumplir las expectativas se aplicarán las siguientes medidas correctoras:

OBJETIVOS		KPI	Diagnóstico	Acción Correctora
Obj. 1.	Registro de usuarios	15% conversión	La web no resulta atractiva suficiente para probarla.	Replantear la usabilidad y funcionalidades incluidas.
Obj. 2.	Registro de usuarios premium	2% conversión	Los usuarios no consideran necesario/atractivo la cuota premium.	Replantear el precio y funcionalidades incluidas en la cuota.
Obj. 3.	Registro de establecimiento s premium	20% conversión	Los dueños de establecimientos no consideran atractivos/relevantes la web.	Replantear el precio y funcionalidades incluidas en la cuota.

6. RECURSOS HUMANOS

En el siguiente capítulo se definirán los diferentes aspectos de la organización de Recursos Humanos de *Truedishes.tv*. Se tendrá que tener en cuenta los perfiles de los trabajadores, así como los salarios, horarios de trabajo y así sucesivamente. También hay que considerar a los empleados como los activos más valiosos de nuestra empresa, ya que será una Pequeña y Mediana Empresa (PYME).

Partiendo de esta premisa, se va a desarrollar la política de Recursos Humanos. Se tratará de aplicar una política con principios modernos de gerencia, como la Holocracia, que estimula la iniciativa individual y el control y responsabilidad sobre el propio trabajo, hacia un modelo de gestión que prima cualidades como liderar con el ejemplo[15].

Está claro que *Trudishes.tv* es una empresa de servicios por lo que tenemos que tener cada paso definido y cubierto correctamente con las personas adecuadas para evitar problemas en el futuro. Por esta razón, los perfiles para diferentes posiciones en

---

[15] "Holocracia, una organización sin jefes", IMF Business School, http://www.imf-formacion
.com/blog/recursos-humanos/liderazgo/holocracia-una-organizacion-sin-jefes/, (2017)

la empresa también tienen que ser definidos en la misma orientación.

6.1. Constitución de la Empresa

Para la elección de la forma jurídica de *Truedishes.tv* se han tomado como referencia las distintas posibilidades que ofrece la web www.creatuempresa.org, esta web contiene todo el material y la información necesaria para poder comparar los distintos tipos de formas jurídicas disponibles y sus características.

La forma jurídica elegida para esta empresa es la de **Sociedad de Responsabilidad Limitada.**

Una Sociedad de Responsabilidad Limitada es: Sociedad en la que el capital social, que estará dividido en participaciones sociales, indivisibles y acumulables, estará integrado por las aportaciones de todos los socios, quienes no responderán personalmente de las deudas sociales.

Características:

Número de socios	Responsabilidad	Capital	Fiscalidad
Mínimo 1	Limitada al capital aportado	Mínimo 3.000 €	Impuesto sobre Sociedades

- Es una sociedad de capital, cualquiera que sea la naturaleza de su objeto, con carácter mercantil y personalidad jurídica propia.

- **Denominación social:**
  - Libre, debiendo figurar necesariamente la indicación 'Sociedad de Responsabilidad Limitada', 'Sociedad Limitada' o sus abreviaturas 'S.R.L.' o 'S.L.'
  - La denominación social deberá obtenerse a través del Registro Mercantil; no se podrá adoptar una denominación idéntica a la de una sociedad ya existente.

- Tienen que llevar un Libro de inventarios y Cuentas anuales, un Diario (registro diario de las operaciones) y un Libro de actas que recogerá todos los acuerdos tomados por las Juntas Generales y Especiales y los demás órganos colegiados de la sociedad.

- También llevará un Libro registro de socios, en el que se harán constar la titularidad originaria y las transmisiones de las participaciones sociales.

- **Responsabilidad:**
  - Limitada al capital aportado.
  - Los fundadores, las personas que ostentan la condición de socio en el momento de acordarse el aumento de capital y quienes adquieran alguna participación

81

desembolsada mediante aportaciones no dinerarias, responderán solidariamente frente a la sociedad y frente a los acreedores sociales de la realidad de dichas aportaciones y del valor que se les haya atribuido en la escritura.

- o

- **Capital:**
    - o El capital social, constituido por las aportaciones de los socios, no podrá ser inferior a 3.000 euros.
    - o Deberá estar íntegramente suscrito y desembolsado en el momento de la constitución.
    - o Sólo podrán ser objeto de aportación social los bienes o derechos patrimoniales susceptibles de valoración económica, en ningún caso trabajo o servicios.
    - o Las participaciones sociales no tendrán el carácter de valores, no podrán estar representadas por medio de títulos o de anotaciones en cuenta, ni denominarse acciones.
    - o La transmisión de las participaciones sociales se formalizará en documento público.

- **Socios:** La sociedad sólo reputará socio a quien se halle inscrito en el Libro registro de socios.

- o Derechos de los socios:
  - Participar en el reparto de beneficios y en el patrimonio resultante de la liquidación de la sociedad.
  - Participar en las decisiones sociales y ser elegidos como administradores.

Para constituir una Sociedad de Responsabilidad Limitada es necesario cumplir con los siguientes pasos o trámites:

1. Tener una Certificación negativa del nombre de la sociedad.
2. Obtener un Número de identificación fiscal
3. Escritura de Constitución de la Sociedad
4. Pagar los Impuestos sobre transmisiones patrimoniales y actos jurídicos documentados
5. Inscribir la empresa en el Registro

6.2. Estructura Organizacional (Organigrama)

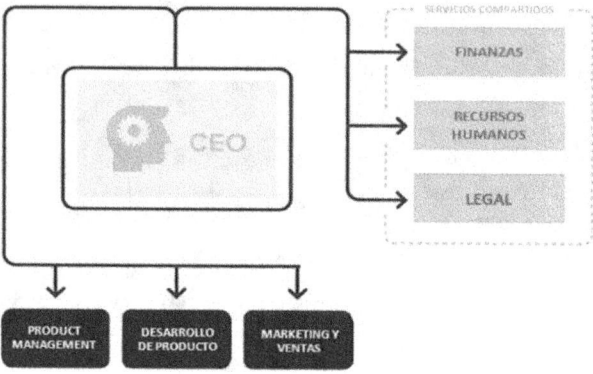

Figura 26 – Organigrama

Al ser una empresa de nueva constitución la estructura de la organización debe ser lo más flexible posible para adaptarse a las diferentes necesidades lo antes posible. Los socios serán, por tanto, los que constituirán el núcleo principal de decisión de la empresa en forma de Consejo de Administración.

Además, como motor y guía de la empresa, ocuparán los puestos de responsabilidad en las áreas de gestión claves del negocio.

La expansión de la empresa se efectuará en torno a la estructura inicial incorporando nuevos puestos dentro de las distintas áreas funcionales, así como la creando nuevos.

84

6.3. Manual de Funciones

A continuación, se van a definir los recursos humanos con los que se necesita contar para poder desarrollar todos los procesos que se han ido mencionando a lo largo del proyecto.

Se analizarán las áreas generales de responsabilidad y funciones esenciales para cada puesto de trabajo, así como los conocimientos, habilidades, educación y experiencia requeridos.

CEO:
Esta persona representará a la empresa en términos de clientes, en nacionales o posibles ferias internacionales y así sucesivamente. Es importante tener en cuenta que esta persona tendrá que gestionar los recursos humanos, la gestión legal y financiera ya que la empresa va a ser una PYME y ningún departamento específico va a existir.
Dentro de las responsabilidades del CEO se encuentran:

- Definir las políticas y la estrategia de la empresa.
- Adquirir recursos suficientes para las operaciones de la empresa y gestionar adecuadamente los productos y servicios.
- Modelar y establecer los valores y la cultura empresarial.

- Asignación de capital a las prioridades de la empresa.
- Buscar contratos de los sectores público o privado con el fin de permitir que el negocio se desarrolle.
- Perfeccionar regularmente la visión de la empresa.
- Optimización continúa del equipo.

Una vez que conocemos las diferentes tareas y responsabilidades del CEO de la empresa, también es importante profundizar y evaluar por un lado la cualificación educativa y los conocimientos técnicos y por otro las competencias en términos de comportamiento y profesional.

Cualificaciones educativas y conocimientos técnicos:	Habilidades	Experiencia Mínima	Salario Anual
• Licenciatura en Ingeniería, Administración de Empresas, Economía o similar. • Deseable: MBA. • Tener algún conocimiento en relación con la administración de empresas, finanzas y marketing.	• Capacidades de negociación. • Liderazgo. • Buena comunicación. • Dinámico • Tener iniciativa • Auto-motivación • Nivel de inglés fluido. • Nivel de francés fluido.	• La experiencia mínima profesional y laboral es de 5 años.	50.000 €

PRODUCT MANAGER:

La misión de esta persona es descubrir un producto que sea valioso, utilizable y factible. Se encarga de crear funcionalidades identificando productos potenciales.

Sus responsabilidades son:
- Asumir la responsabilidad del éxito de su producto;
- Contribuir a la estrategia y visión del producto;
- Reunirse regularmente con todas las partes interesadas, incluyendo desarrolladores de productos, marketing, servicio al cliente, finanzas y jefes de empresa;
- Recopilar, analizar y responder a los comentarios de los usuarios;
- Gestionar uno o más presupuestos;
- Reunir y evaluar ideas y opiniones;
- Planificar nuevas características y cambios en un producto;
- Demostrar nuevas ideas y características a las partes interesadas;
- Crear cronogramas y hojas de ruta para desarrollar el producto;
- Asistir a conferencias y eventos relacionados con un producto o sector;
- Implementar o apoyar campañas de marketing;
- Crear y supervisar procesos de desarrollo y gestión de proyectos;

- Inspirar y entusiasmar a colegas y usuarios del producto;
- Aprender sobre los usuarios y el mercado de un producto;
- Investigación de competidores y productos similares.

Cualificaciones educativas y conocimientos técnicos:	Habilidades	Experiencia Mínima	Salario Anual
• Licenciatura en Ingeniería, Administración de Empresas, Economía o similar. • Deseable: MBA.	• Conocedor de los usuarios de su producto y la industria • Decisivo, visionario • Flexible y adaptable • Colaborador • Líder • Organizado • Buena comunicación • Negociación	• 3-5 años	25.000 €

DESARROLLADOR:

La misión de esta persona es traducir los requisitos de software en código de programación viable y mantener y desarrollar programas para su uso en los negocios. Sus responsabilidades son:

- Validación de funcionales
- Romper especificaciones del producto elementos más simples y traducir esta lógica en un lenguaje de programación
- Idear posibles soluciones a los problemas previstos
- Combinar todos los elementos del diseño de producto y hacer tests

- Batería de pruebas para comprobar que la salida de producto sigue según lo previsto
- Realización de pruebas e instalación del programa en producción
- Reaccionar a los problemas y corregir el programa según sea necesario
- Evaluar y aumentar la eficacia del programa
- Adaptar el programa a los nuevos requisitos, según sea necesario
- Realización de pruebas de aceptación por parte de los usuarios para garantizar que el programa pueda utilizarse con facilidad, rapidez y precisión
- Redactar documentación detallada para el funcionamiento del programa por parte de usuarios y operadores de computadoras
- Manuales de consulta, publicaciones periódicas e informes técnicos para aprender nuevas maneras de desarrollar programas y mantener las habilidades y conocimientos existentes
- Actualizar, reparar, modificar y desarrollar el software existente y las aplicaciones genéricas.

Cualificaciones educativas y conocimientos técnicos:	Habilidades	Experiencia Mínima	Salario Anual
• Licenciatura en computación • Amplios conocimientos de programación	• Ruby • Php • Python • SQL • HTML • CSS	• 3-5 años	30.000 €

MARKETING Y VENTAS:

La misión de esta persona es traducir los requisitos de software en código de programación viable y mantener y desarrollar programas para su uso en los negocios. Sus responsabilidades son:

- Definir las estrategias de Marketing y Ventas para el logro de los objetivos
- Elaborar y desarrollar el plan de marketing.
- Gestionar y controlar los presupuestos de marketing.
- Visitar clientes potenciales, ofreciéndoles nuestros servicios.
- Asesorar a nuestros clientes en nuestro valor añadido.
- Controlar la satisfacción de nuestros clientes, mediante visitas repetidas y llamadas telefónicas
- Informar al CEO mediante listados detallados de los clientes visitados y conseguidos cada día

- Organizar la documentación necesaria para el asesoramiento de los clientes

Cualificaciones educativas y conocimientos técnicos:	Habilidades	Experiencia Mínima	Salario Anual
• Licenciado y con estudios de postgrado en marketing	• Conocimiento del mercado y contactos con clientes. • Dominio del inglés. • Visión estratégica y de negocios • Clara orientación comercial y de ventas	• 3 años	25.000 €

7. PLAN DE OPERACIONES

La siguiente sección identificará el plan operativo propuesto para Truedishes.tv. El Plan Operativo es el marco que conecta la visión, misión y los valores con las metas y objetivos.

Este documento establece un plan operativo de cinco años para Truedishes.tv y se basa en las actividades principales. El Plan Operativo comienza con el análisis de las actividades descritas en el modelo de negocio. También se tratarán otros aspectos como la ubicación y las instalaciones, así como una estimación del presupuesto.

7.1. Modelo de Negocio

El modelo de negocio va a estar basado en un modelo de suscripción. El modelo de suscripción debe su éxito al equilibrio óptimo de valor que proporciona tanto a la empresa como al cliente.

Para los clientes, el valor reside en la comodidad. En primer lugar, existe la simplicidad de que las suscripciones eliminan el pensamiento de una decisión de compra. Los suscriptores nunca tienen que acordarse de comprar o pagar cada mes, lo que les da la tranquilidad de que tendrán todo lo que necesitan antes de que realmente lo necesiten. En segundo lugar, las suscripciones ofrecen una tarifa plana que ayuda a los clientes a mantenerse dentro de su presupuesto. Por último, las suscripciones suelen traer valor añadido al cliente a través de la agrupación o los descuentos por pagar anualmente.

Para las empresas, el valor de una suscripción es la capacidad de predecir los ingresos mediante ventas recurrentes. De hecho, de acuerdo con John Warrillow, creador de The Value Builder System, ingresos recurrentes es quizás uno de los factores más convincentes en la valoración de una empresa. *"A ingresos más garantizados que puede ofrecer a un potencial comprador, más valioso será su negocio"*, dice Warrillow. *"Debido a que un alto porcentaje de los ingresos de un negocio basado en suscripción es recurrente, su valor será de hasta ocho veces la de un negocio comparable con muy pocos ingresos recurrentes"* [16].

Esta consistencia en los ingresos también permite a las empresas con un modelo de negocios basado en suscripción calcular fácilmente el valor de por vida de un cliente, administrar el inventario, ofrecer precios sencillos y muchos otros beneficios empresariales.

---

[16]"Subscription Services: The Perfect Business Model?", INC., https://www.inc.com/bo-burlingham/why-john-warrillow-is-all-about-subscription-services.html, (2014)

Beneficios de un modelo de negocios por suscripción:

1. Flexibilidad:

Las suscripciones permiten, como empresa, planificar los recursos y predecir los ingresos.

2. Escalabilidad:

Las suscripciones también permiten escalar si continúa agregando valor al servicio e impactando su línea de fondo.

7.2. Cadena de Valor

Michael Porter considera que las empresas son más eficientes en la medida que configuren una Cadena de Valor. Dicha cadena está conformada por dos grandes grupos de actividades (primarias y de apoyo), las cuales si se desarrollan de manera óptima generarán una ventaja competitiva e incrementar valor tanto para los clientes como para los accionistas de una empresa[17].

---

[17]"Porter's Value Chain", Mindtool,
https://www.mindtools.com/pages/article/newSTR_66.htm, (2017)

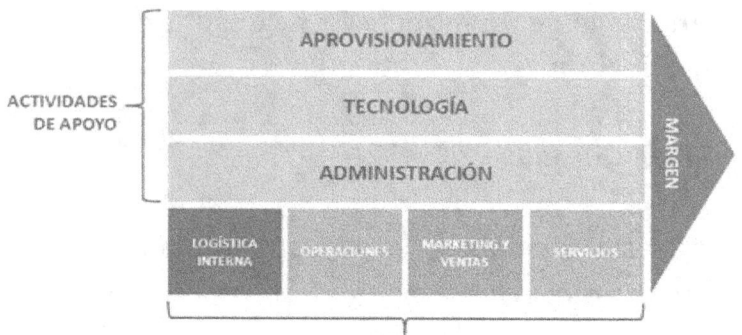

Figura 26 - Cadena de Valor de Truedishes.tv

7.2.1. Actividades primarias

Las actividades primarias se relacionan directamente con la creación, venta, mantenimiento y soporte físico de un producto o servicio. Consisten en las siguientes

- **Logística interna:** Contacto con los restaurantes para verificar todos los datos y la información dentro de cada ficha de restaurante.
- **Operaciones:** Son todas las actividades relacionadas con la gestión del contenido del portal web y la aplicación: maquetación, mantenimiento, gestión de bases de datos, soporte técnico.
- **Marketing y ventas:** Son los procesos que se utiliza para persuadir a los clientes a darse de alta en el portal, desde cómo conseguirlos hasta como hacer que se conviertan en

premium (promociones, relaciones públicas, marketing directo, etc.).

- **Prestación del servicio:** Son las actividades relacionadas con el mantenimiento del valor del producto o servicio una vez que se ha comprado. Registro de usuarios, procesos de pago, validación de vídeos y opiniones.

7.2.2. Actividades de apoyo

La empresa cuenta con una serie de tareas de apoyo para llevar a cabo todas las actividades primarias descritas, y que permiten añadir valor a Truedishes.tv:

- **Aprovisionamiento**: está relacionado con todas las compras que la empresa necesite hacer para llevar a cabo el día a día, como material de oficina, ordenadores, móviles, etc.
- **Tecnología**: son todos los servicios necesarios para el desempeño del portal/aplicación, hosting, pasarela de pago, emails, etc.
- **Administración**: relacionado con las tareas de contratación de personal, gestión de nóminas, contabilidad o la búsqueda de inversores y financiación.

Las empresas utilizan estas actividades primarias y de apoyo como "bloques de construcción" para crear un producto o servicio valioso.

8. PLAN FINANCIERO

En este capítulo se presentan las previsiones financieras y la planificación de la empresa para un período de cinco años, teniendo en cuenta nuestro Plan de Operaciones y Marketing. Esto servirá de ayuda para determinar si el proyecto será viable económicamente.

8.1. Hipótesis Financieras

8.1.1 Necesidades de inversión y de financiación

La inversión inicial necesaria para que la empresa comience a funcionar se estima en 150.000€ y estaría compuesta por las siguientes partidas.

	enero de 2018		Diciembre 2018		Diciembre 2019		Diciembre 2020		Diciembre 2021		Diciembre 2022	
	€	%	€	%	€	%	€	%	€	%	€	%
Activos No Corrientes	54.600	36,6%	43.680	18,1%	32.760	8,1%	21.840	3,9%	10.920	1,5%	-	-
Equipos Informáticos	2.600	1,7%	2.600	1,1%	2.600	0,6%	2.600	0,5%	2.600	0,4%	2.600	0,3%
Software y Desarrollos Web	52.000	34,9%	52.000	21,5%	52.000	12,8%	52.000	9,2%	52.000	7,0%	52.000	5,3%
Amortizaciones acumuladas	0	0,0%	(10.920)	(4,5%)	(21.840)	(5,4%)	(32.760)	(5,8%)	(43.680)	(5,9%)	(54.600)	(5,6%)
Activos Corrientes	94.475	63,4%	197.822	81,9%	373.200	91,9%	544.586	96,1%	729.692	98,5%	973.650	100,0%
H.P. Deudora IVA	11.652	7,8%	-	-	-	-	-	-	-	-	-	-
Tesorería	82.823	55,6%	179.210	74,2%	333.052	82,0%	505.961	88,4%	680.650	91,9%	911.596	93,6%
Total Activo	149.075	100,0%	241.502	100,0%	405.960	100,0%	566.426	100,0%	740.612	100,0%	973.650	100,0%

Figura 27 - Necesidades de Inversión

Debido al tipo de negocio del que se trata, la mayor inversión para la puesta en marcha es para el desarrollo del portal y de la app. La inversión es elevada y representa un 35% porque de esto depende el buen funcionamiento y la diferenciación con otros portales de la competencia.

99

Estas necesidades de inversión recogen principalmente, los equipos informáticos necesarios para comenzar a desarrollar la plataforma, así como el desarrollo de la propia plataforma y app desde donde ofreceremos el servicio a nuestros clientes.

8.1.2 Fuentes de financiación

Para la financiación del proyecto es necesario solicitar un crédito o buscar la participación de un business angel (inversores privados)[18].

Por un lado, el 3% provendrá de fondos propios, aportados por socios de la empresa. Por otro lado, el 97% deberá ser financiado mediante deuda ya sea por una entidad de crédito o por un socio capitalista.

La financiación mediante una entidad de crédito será a 7 años con un tipo de interés del 7%. *Truedishes* necesitará 150.000€ que serán obtenidos de la siguiente manera:

---

[18]"Qué es un Business Angel", AEBAN, http://www.aeban.es/sector

Financiación de la Inversión Inicial		
	Importe	% Total
Patrimonio Neto	3.075	2,1%
Capital (aportaciones dinerarias)	4.000	2,7%
Gastos de Constitución	(925)	
Recursos Ajenos	146.000	97,9%
Créditos Largo Plazo	129.247	86,7%
Acreedores L.P. Financieros	129.247	86,7%
Créditos a Corto Plazo	16.753	11,2%
Acreedores C.P. Financieros	16.753	11,2%
Total Fuentes de Financiación	149.075	100,0%

Figura 28 - Fuentes de Financiación

8.2. Proyecciones de ingresos y partidas de la Cuenta de Resultados

Para la previsión de ingresos se ha tenido en cuenta el estudio de mercado realizado, así como la decisión de crecimiento progresivo.

En este capítulo se presenta un pronóstico de ventas y gastos para los próximos cinco años. La cuenta de resultados provisional muestra los beneficios esperados de la empresa como diferencia entre ingresos y gastos a lo largo de un ejercicio.

8.2.1. Ingresos
Los ingresos de *Truedishes* procederán de dos vías diferentes:

- Ingresos por suscripciones Premium de restaurantes

- Ingresos por suscripciones Premium de usuarios

Para hacer el cálculo de los ingresos se han usado los objetivos de marketing que servirán de referencia para estimar el volumen de ventas/suscripciones que se realizarán durante cada mes y cada año.

Los ingresos por suscripciones premium de usuarios vienen determinados por el tráfico hacia la web. El porcentaje de conversión objetivo es de 4%. El pago por cada suscripción será de 3€ al mes sin ningún compromiso de permanencia.

Para los ingresos de suscripciones premium de restaurantes se ha calculado un porcentaje de conversión del 20% establecido en los objetivos de marketing. El pago por cada suscripción será de 12€ al mes sin ningún compromiso de permanencia.

Ventas Anuales (Euros)	Año 0: 2018 Ventas	Año 1: 2019 Ventas	incr. %	Año 2: 2020 Ventas	incr. %	Año 3: 2021 Ventas	incr. %	Año 4: 2022 Ventas	incr. %
Premium Restaurantes	246.240	324.000	31,58%	414.720	28,00%	476.928	15,00%	548.467	15,00%
Premium Usuarios	18.000	60.480	236,00%	69.552	15,00%	79.985	15,00%	91.983	15,00%
Totales	264.240	384.480	45,50%	484.272	25,96%	556.913	15,00%	640.450	15,00%

Figura 29 - Proyección de Ingresos

Ventas (Unidades)	Año 0: 2018 Ventas	Año 1: 2019 Ventas	incr. %	Año 2: 2020 Ventas	incr. %	Año 3: 2021 Ventas	incr. %	Año 4: 2022 Ventas
Premium Restaurantes	1.710	2.250	31,58%	2.880	28,00%	3.312	15,00%	3.809
Premium Usuarios	500	1.680	236,00%	1.932	15,00%	2.222	15,00%	2.555
Totales	2.210	3.930	77,83%	4.812	22,44%	5.534	15,00%	6.364

Figura 30 - Proyección de las ventas/suscripciones Premium

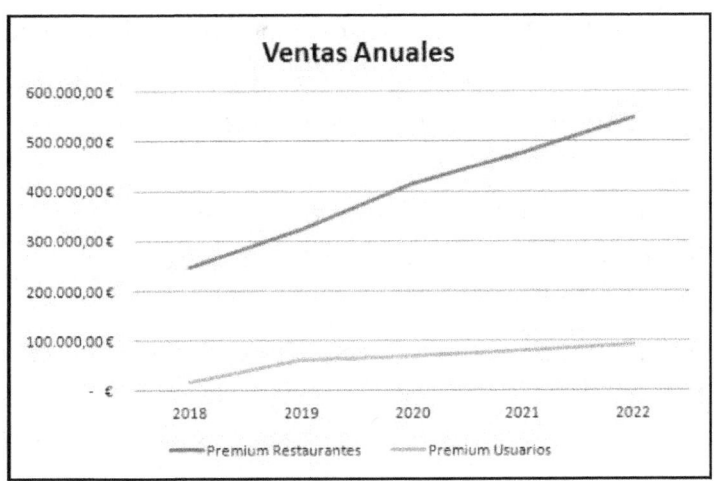

Figura 31 - Proyección del crecimiento de Ingresos

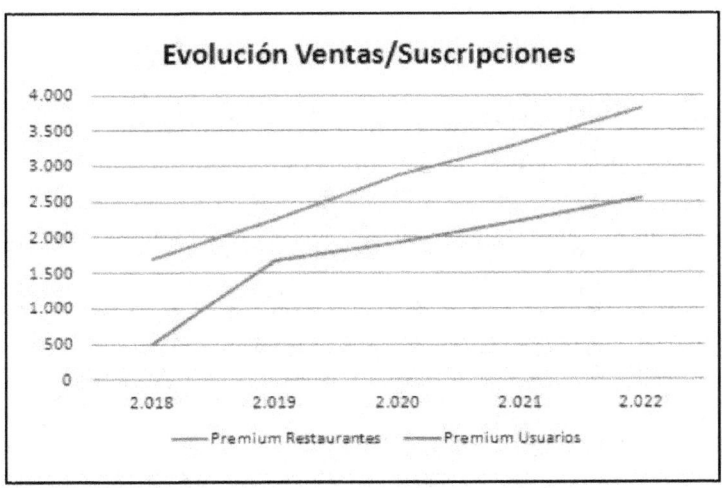

Figura 32 - Proyección del crecimiento de las ventas

8.2.2. Gastos

Las principales partidas de gasto donde se van a destinar los recursos son las de "Marketing" y "Recursos Humanos". Especialmente el gasto en

103

Marketing, ya que es lo que permitirá la captación de los "usuarios" a través de las acciones de marketing online y visitas comerciales.

Cuanto mayor sea la inversión en este apartado mayor será la penetración en el mercado.

En el apartado de Recursos Humanos, se incluyen los costes de la empresa. El aumento en estas partidas obedece a la aplicación del plan de RRHH de la empresa, en el cual se recoge el incremento de recursos necesario dentro de la proyección de crecimiento.

En el apartado de gastos fijos se incluyen:
- Telefonía / Internet
- Alojamiento y servicios web
- Material de oficina / papelería
- Publicidad y propaganda
- Transporte y desplazamientos
- Asesoría y profesionales independientes
- Otros gastos Imprevistos

Sueldos y salarios	2018	2019	2020	2021	2022
Socios/as gestores/as	24.996,00 €	25.995,84 €	54.071,35 €	56.234,20 €	58.483,57 €
personal por cuenta ajena	22.913,00 €	23.829,52 €	49.565,40 €	77.322,03 €	80.414,91 €
Total Sueldos y Salarios	**47.909,00 €**	**49.825,36 €**	**103.636,75 €**	**133.556,23 €**	**138.898,48 €**

Seguros Sociales	2018	2019	2020	2021	2022
Seg. Social Socios (R.E.T.A.)	3.132,00 €	3.194,64 €	6.517,07 €	6.647,41 €	6.780,36 €
Seg. Social Empleados	6.873,90 €	7.148,86 €	14.869,62 €	23.196,61 €	24.124,47 €
Total Seguros Sociales	**10.005,90 €**	**10.343,50 €**	**21.386,69 €**	**29.844,01 €**	**30.904,83 €**

Altas y bajas de personal	2018	2019	2020	2021	2022
Altas de empleados	18,00 €	37,44 €	58,41 €	101,24 €	126,34 €
Total Altas y bajas	18,00 €	37,44 €	58,41 €	101,24 €	126,34 €
Total Gastos de Personal	**57.932,90 €**	**60.206,30 €**	**125.081,84 €**	**163.501,48 €**	**169.929,65 €**

Otros gastos fijos	2018	2019	2020	2021	2022
Telefonía / Internet	2.400,00 €	2.496,00 €	2.595,84 €	2.699,67 €	2.807,66 €
Alojamiento y servicios web	2.400,00 €	2.496,00 €	2.595,84 €	2.699,67 €	2.807,66 €
Material de oficina / papelería	1.200,00 €	1.248,00 €	1.297,92 €	1.349,84 €	1.403,83 €
Publicidad y propaganda	41.160,00 €	42.806,40 €	44.518,66 €	46.299,40 €	48.151,38 €
Transporte y desplazamientos	1.200,00 €	1.248,00 €	1.297,92 €	1.349,84 €	1.403,83 €
Asesoría y profesionales independientes	5.796,00 €	6.027,84 €	6.268,95 €	6.519,71 €	6.780,50 €
Otros gastos imprevistos	5.415,60 €	5.632,22 €	5.857,51 €	6.091,81 €	6.335,49 €
Total Otros Gastos Fijos	**59.571,60 €**	**61.954,46 €**	**64.432,64 €**	**67.009,95 €**	**69.690,35 €**

| **Total Gastos Fijos** | **117.504,50 €** | **122.160,76 €** | **189.514,48 €** | **230.511,43 €** | **239.619,99 €** |

Figura 33 - Total Gastos

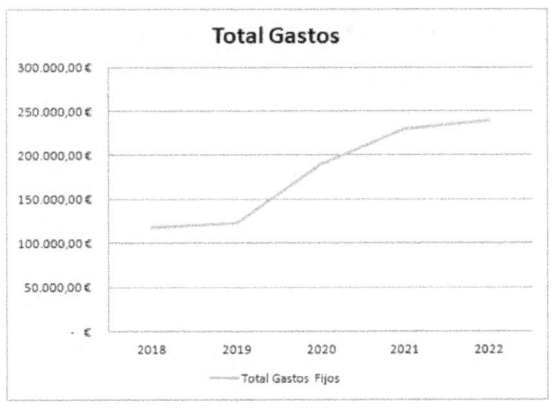

Figura 34 - Proyección de Gastos

8.2.3. Cuenta de Resultados

La cuenta de Pérdidas y Ganancias o Cuenta de Resultados da a conocer los ingresos y gastos

105

generados por la empresa durante el ejercicio económico al que se refiere, que en el caso de *Truedishes* será desde el 1 de enero hasta el 31 de diciembre desde el 2018 hasta el 2022.

Una vez definidos tanto los ingresos como los gastos del primer año, y estimada su evolución en los primeros 5 años, se puede elaborar la Cuenta de Resultados provisional, en la que se podrá observar la evolución de la empresa en los primeros años de su arranque. En el Anexo 5, se puede observar estas estimaciones para los cinco años.

En la siguiente tabla se observa la proyección de la cuenta de pérdidas y ganancias para los cinco primeros años de la actividad del negocio.

Conceptos	Año 0: 2018	Año 1: 2019	Año 2: 2020	Año 3: 2021	Año 4: 2022
Ingresos por ventas	264.240	384.480	484.272	556.913	640.450
Imputación de subvenciones	0	0	0	0	0
Total Ingresos de Explotación	264.240	384.480	484.272	556.913	640.450
Costes variables / Directos	26.424	38.448	48.427	55.691	64.045
Impagados / Cobros fallidos	0	0	0	0	0
Costes Directos y Comerciales	26.424	38.448	48.427	55.691	64.045
Margen Bruto s/Ventas	237.816	346.032	435.845	501.222	576.405
Gastos de Personal y Seg. Social	57.933	60.206	125.082	163.501	169.930
Otros Gastos Fijos	59.572	61.954	64.433	67.010	69.690
Gastos Explotación	117.505	122.161	189.514	230.511	239.620
E.B.I.T.D.A.	120.312	223.871	246.330	270.710	336.785
Dotación Amortizaciones	10.920	10.920	10.920	10.920	10.920
B.A.I.I. / E.B.I.T.	109.392	212.951	235.410	259.790	325.865
Ingresos Financieros	0	0	0	0	0
Gastos Financieros	10.419	8.478	7.180	5.787	4.294
Resultado Financiero	(10.419)	(8.478)	(7.180)	(5.787)	(4.294)
Resultado antes Impuestos (B.A.I.)	98.972	204.473	228.231	254.003	321.571
Impuesto de Sociedades	14.707	34.885	39.636	44.791	58.304
Resultado Neto del Periodo	84.265	169.589	188.595	209.213	263.267

Figura 35 - Cuenta de Resultados

8.2.3.1. Análisis de la Cuenta de Resultados

- **Margen bruto sobre ventas:** es la diferencia entre las ventas y el coste de ventas del servicio. Este margen se mantiene constante durante los años analizados y el coste de las ventas aumentan en la misma proporción en la que lo hacen las ventas. La tendencia de crecimiento sobre las ventas en los años siguientes es del 15%.

- **Gastos:** el margen se mantiene elevado debido a la fuerte inversión en publicidad necesaria a lo largo de los cinco años.

107

- **BAII:** beneficio bruto de explotación calculado antes de la deducibilidad de los gastos financieros. El crecimiento se mantiene excepto al segundo año donde se experimenta un crecimiento del 94%, consecuencia del incremento en las ventas (45% de incremento).

- **Gastos financieros:** corresponden en su totalidad al pago de intereses de la deuda, que se reduce año a año debido a la amortización.

- **Impuesto sobre el beneficio:** es aplicable el Impuesto de Sociedades que grava el rendimiento obtenido después de restarle al Beneficio Operativo los intereses. Desde 2015 el tipo preferente aplicable durante dos años a sociedades constituidas es del 15%. Será requisito necesario que se considere que la sociedad supone el inicio de una actividad económica. Se aplicará en el primer período impositivo en que la base imponible resulte positiva y en el siguiente. Se aplica el tipo del 15% a la base imponible comprendida entre 0 y 300.000 euros y el 20% a la restante.

- **Beneficio Neto:** se puede observar cómo va incrementando conservadoramente. El segundo año tiene un incremento de 101% debido a la previsión de crecimiento establecida.

8.3. Tesorería

Una vez se ha estimado la inversión inicial y los cobros y pagos efectuados se pueden calcular los Flujos de Efectivo generados por la actividad de la empresa. Así la inversión podrá ser analizada desde todos los puntos de vista, incluida la liquidez.

A continuación, se muestra una tabla resumen de los flujos durante los cinco años de la empresa:

COBROS		Año 0 2018	Año 1 2019	Año 2 2020	Año 3 2021	Año 4 2022
Cobro de ventas		319.730	465.221	585.969	673.864	774.944
Otras entradas		-	3.905	5.263	4.389	4.252
Total COBROS		319.730	469.126	591.233	678.253	779.196
PAGOS		**Año 2018**	**Año 2019**	**Año 2020**	**Año 2021**	**Año 2022**
Pagos de Gastos Fijos (IVA incl.)		130.015	135.171	203.045	244.584	254.255
Pago de compras y Costes Variables (IVA incl.)		31.973	46.522	58.597	67.386	77.494
Pagos de Gastos Financieros		10.419	8.478	7.180	5.787	4.294
Devolución de principal de préstamos / Leasing		16.753	17.964	19.263	20.655	22.148
Liquidaciones de IVA		15.571	57.196	71.166	87.887	102.604
Otros pagos (Imp. Soc./IRPF)		18.612	40.148	44.025	49.042	62.054
Total PAGOS		223.343	305.479	403.276	475.342	522.849
		Año 2018	**Año 2019**	**Año 2020**	**Año 2021**	**Año 2022**
Flujos de caja anuales (Cash Flow)		96.387	163.646	187.957	202.912	256.346
Tesorería acumulada	82.823	179.210	342.857	530.813	733.725	990.071

Figura 36 - Resumen de Tesorerías Anuales

Con el plan de tesorería podremos tener una perspectiva de la liquidez de la empresa y prever las necesidades que puedan ir surgiendo.

8.4. Balance General

El balance es un documento que muestra la situación patrimonial de la empresa en un momento determinado, es decir, los derechos y bienes que ha adquirido y las obligaciones que ha contraído.

A continuación, se agruparán en masas patrimoniales para poder tener una visión general del patrimonio de la empresa. Se mostrará el Balance Previsional de *Truedishes* para los cinco años de actividad.

	enero de 2018		Diciembre 2018		Diciembre 2019		Diciembre 2020		Diciembre 2021		Diciembre 2022	
	€	%	€	%	€	%	€	%	€	%	€	%
Activos No Corrientes	54.600	36,6%	43.680	18,1%	32.760	7,9%	21.840	3,7%	10.920	1,4%	-	-
Equipos Informáticos	2.600	1,7%	2.600	1,1%	2.600	0,6%	2.600	0,4%	2.600	0,3%	2.600	0,2%
Software y Desarrollos Web	52.000	34,9%	52.000	21,5%	52.000	12,5%	52.000	8,7%	52.000	6,6%	52.000	4,9%
Amortizaciones acumuladas	0	0,0%	(10.920)	(4,5%)	(21.840)	(5,2%)	(32.760)	(5,5%)	(43.680)	(5,5%)	(54.600)	(5,2%)
Activos Corrientes	94.475	63,4%	197.822	81,9%	383.005	92,1%	574.830	96,3%	782.767	98,6%	1.052.125	100,0%
H.P. Deudora IVA	11.652	7,8%	-	-	-	-	-	-	-	-	-	-
Tesorería	82.823	55,6%	179.210	74,2%	342.857	82,5%	530.813	89,0%	733.725	92,4%	990.071	94,1%
Total Activo	149.075	100,0%	241.502	100,0%	415.765	100,0%	596.670	100,0%	793.687	100,0%	1.052.125	100,0%
Patrimonio Neto	3.075	2,1%	87.340	36,2%	256.929	61,8%	445.523	74,7%	654.736	82,5%	918.003	87,3%
Capital	4.000	2,7%	4.000	1,7%	4.000	1,0%	4.000	0,7%	4.000	0,5%	4.000	0,4%
Remanente ejercicios anteriores	(925)	(0,6%)	(925)	(0,4%)	83.340	20,0%	252.929	42,4%	441.523	55,6%	650.736	61,8%
Resultados pend. aplicación	0	0,0%	84.265	34,9%	169.589	40,8%	188.595	31,6%	209.213	26,4%	263.267	25,0%
Pasivos a Largo Plazo	129.247	86,7%	111.283	46,1%	92.020	22,1%	71.365	12,0%	49.216	6,2%	25.466	2,4%
Deudas con entidades de crédito	129.247	86,7%	111.283	46,1%	92.020	22,1%	71.365	12,0%	49.216	6,2%	25.466	2,4%
Pasivos a Corto Plazo	16.753	11,2%	42.880	17,8%	66.816	16,1%	79.791	13,4%	89.735	11,3%	108.656	10,3%
Deudas con entidades de crédito	16.753	11,2%	17.964	7,4%	19.263	4,6%	20.655	3,5%	22.148	2,8%	23.750	2,3%
H.P. acreedora IVA	0	0,0%	10.208	4,2%	12.669	3,0%	19.499	3,3%	22.796	2,9%	26.603	2,5%
H.P. acreedora Imp. Sociedades	0	0,0%	14.707	6,1%	34.885	8,4%	39.636	6,6%	44.791	5,6%	58.304	5,5%
Total Recursos Permanentes	132.322	88,8%	198.623	82,2%	348.949	83,9%	516.888	86,6%	703.952	88,7%	943.469	89,7%
Total Recursos Ajenos	16.753	11,2%	42.880	17,8%	66.816	16,1%	79.791	13,4%	89.735	11,3%	108.656	10,3%
Patrimonio Neto y Pasivos	149.075	100,0%	241.502	100,0%	415.765	100,0%	596.670	100,0%	793.687	100,0%	1.052.125	100,0%
Fondo de Maniobra	77.722	52,1%	154.943	64,2%	316.189	76,0%	495.040	83,0%	693.032	87,3%	943.469	89,7%

Figura 37 - Balance General

En cuanto al balance mostrado, el valor total de los activos fijos proviene básicamente de la inversión en el desarrollo del portal y app. Se nota una tendencia decreciente del activo no corriente a consecuencia de la amortización de estos elementos en los 5 años proyectados.

Los activos corrientes consisten en impuestos para compensar y en efectivo y la tesorería. El valor de la cuenta de Tesorería se corresponde con los flujos de efectivo generados, cuyo cálculo se obtiene tras la elaboración de la Cuenta de Pérdidas y Ganancias Previsional El préstamo recibido se ha ido amortizando desde la cuenta de Deudas a largo plazo con entidades de crédito a la cuenta de Deudas a corto plazo con entidades de crédito por el importe de la deuda que vence en el siguiente ejercicio económico.

Como se puede observar, durante los cinco años la empresa va aumentando su valor principalmente a través de la generación de beneficio que se incluye dentro del Patrimonio neto y que genera una liquidez cada vez mayor.

8.5. Análisis de Ratios

Tras haber analizado los distintos estados financieros, se debe analizar si el proyecto de es rentable o no, se debe analizar si la empresa será capaz de recuperar la inversión realizada para su puesta en marcha en un lapso de tiempo adecuado. Para ello, hay que analizar las inversiones necesarias, los presupuestos de gastos e ingresos, los costes de financiación así como la evolución de la rentabilidad y productividad.

8.5.1. Análisis de la Inversión

Para realizar el análisis de la inversión se han utilizado varias herramientas. La primera es el Valor Actual Neto (VAN), que permite conocer el valor presente de los flujos de efectivo generados durante los periodos proyectados. Otro de los instrumentos utilizados ha sido la Tasa Interna de Retorno (TIR).

Del análisis realizado se desprende un VAN positivo superior a cero lo por lo que la inversión resulta atractiva y rentable para los socios y para el proyecto. La empresa no sólo va a recuperar la inversión realizada, si no que va a recibir unos flujos de caja netos superiores a la misma que se convertirán en beneficios para el inversor.

Por su parte, la TIR del proyecto está por encima de lo exigido habitualmente para este tipo de negocios. Cuanto mayor sea la TIR, más rentable será el proyecto. La TIR que se obtiene es de un 242 %, motivado igual que en el caso del VAN por los flujos de caja elevados.

V.A.N. (€)	2.176.643,92 €
TIR (%)	242%

Figura 38 - VAN y TIR

8.5.2. Ratio de Rentabilidad

Una vez analizada la rentabilidad de la inversión desde un punto de vista financiero, se procede a analizarla desde una perspectiva contable. Los ratios de rentabilidad que se han calculado para evaluar el proyecto son el ROE, el ROI y ROS como se muestran a continuación:

Ratios de Rentabilidad	2018	2019	2020	2021	2022
1. (Retorno sobre Inversión) ROE (Return On Equity)	96,5%	66,0%	42,3%	32,0%	28,7%
2. (Retorno sobre Activo) ROI (Return On Investment)	41,0%	49,2%	38,3%	32,0%	30,6%
3. Margen sobre Ventas ROS (Return On Sales)	31,9%	44,1%	38,9%	32,7%	41,1%

Figura 39 - ROE, ROI y ROS

Por un lado, el **ROE (Return On Equity)** calcula la rentabilidad de la empresa en relación al valor contable del patrimonio neto. Indica cómo se usan los recursos invertidos en la empresa para generar ganancias. En el caso de *Truedishes* el ROE durante el primer año es bastante elevado (96%) y a lo largo del resto de años decrece, pero sigue manteniéndose positivo.

113

El **ROI (Return On Investment)** mide la rentabilidad de la empresa con respecto a la inversión.

Truedishes muestra un ROI positivo, esto indica que la empresa es rentable pues está utilizando eficientemente el capital invertido en la generación de utilidades, es decir, que la empresa genera más utilidades con menos inversión. El ROI también se muestra estable durante los 5 años y la empresa cuenta con una rentabilidad del 38% promedio con respecto a la inversión.

También se ha calculado el **ROS (Return On Sales)** que mide la rentabilidad de las ventas, es el resultante de dividir las utilidades netas después de las amortizaciones entre las ventas netas de la empresa. El ROS nos indica el rendimiento de las ventas. Este índice proporciona información sobre cuánto beneficio se está produciendo por euro de ventas. Un aumento de ROS indica que una empresa está creciendo más eficiente, mientras que una disminución de ROS podría señalar amenazantes problemas financieros. En el caso de *Truedishes* el ROS durante los 5 años es de 37% promedio.

8.5.3. Ratios Financieros

8.5.3.1. Liquidez, Disponibilidad y Endeudamiento

Ratios Financieros	2018	2019	2020	2021	2022
1. Liquidez	4,61	5,73	7,20	8,72	9,68
2. Disponibilidad	4,61	5,73	7,20	8,72	9,68
3. Endeudamiento o Apalancamiento	1,77	0,62	0,34	0,21	0,15

Figura 40 - Ratios Financieros

El ratio de liquidez general se considera que es óptimo cuando es superior a 2 (Amat, 2008).

En el caso de Truedishes, se puede observar que ya en el primer año alcanza un valor cercano a 5 y aumenta considerablemente con el paso de los años. Por ello, se puede afirmar que *Truedishes* no tendrá problemas para afrontar las deudas que actualmente tiene contraídas a corto plazo.

El ratio de liquidez general y disponibilidad coinciden en cuantía al estar el Activo Corriente compuesto únicamente por el disponible en caja. Por ello, el análisis de estos ratios es el mismo que se ha realizado con el de Liquidez General.

En cuanto al ratio de endeudamiento, lo ideal es que se sitúe entre 0,4 y 0,6. Vemos como el ratio de endeudamiento de *Truedishes* se sitúa en el 1,77 durante el primer año debido al alto volumen de deudas y la poca autonomía por haber solicitado un crédito.

8.5.3.2. Fondo de Maniobra

Otras ratios y parámetros	2018	2019	2020	2021	2022
Fondo de Maniobra	154.943	316.189	495.048	693.032	943.469

Figura 41 - Fondo de Maniobra

Truedishes tiene capacidad para afrontar con solvencia sus deudas a corto plazo con su activo circulante. El fondo de maniobra va aumentando a lo largo del tiempo, lo cual es un resultado positivo, ya que la diferencia entre las deudas y los recursos para hacerlas frente se va haciendo cada vez mayor.

9. CRONOGRAMA DE ACTIVIDADES

9.1 Diagrama de Gantt

Se ha establecido un plan de implementación donde se definirá cómo va a ser la constitución legal de la empresa, las campañas de marketing para que los futuros clientes conozcan el portal y finalmente, cómo y cuándo se comenzarán las actividades de operación.

Los siguientes 8 meses después de la creación de la empresa se dedicarán a desarrollar el portal y la app (corazón del proyecto). Las actividades de marketing que se han diseñado en el Plan de Marketing, se realizarán posteriormente cuando el producto ya esté funcionando correctamente y se haya creado la base de datos con las fichas de todos los restaurantes de Barcelona.

A continuación, se muestra el diagrama de Gantt donde se pueden visualizar todos los pasos mencionados en este capítulo.

TAREA	ENE	FEB	MAR	ABR	MAY	JUN	JUL	AGO	SEP	OCT	NOV	DIC
Certificación negativa	X											
Denominación social	X											
Abrir cuenta bancaria	X											
Pago de tasas e impuestos	X											
Registro Mercantil	X											
Registro en la SS.SS.	X											
Publicación de ofertas laborales	X											
Registro de marca	X											
Adquisición de equipos	X											
Desarrollo portal		X	X	X	X	X	X	X				
Desarrollo app		X	X	X	X	X	X	X				
Diseño material publicitario									X			
Campañas de lanzamiento										X	X	
Inicio de actividades												X

Figura 42 - Diagrama de Gantt

10. CONCLUSIONES GENERALES

Está más que demostrado que el uso de herramientas como TripAdvisor y Yelp va en aumento y no en disminución. La tendencia es que cada vez más personas participen en estas plataformas y generen contenidos. Contenidos de valor a un público que está buscando respuesta a sus inquietudes, opiniones, comentarios, reseñas y fotos de experiencias para poder saber a qué atenerse y moderar las expectativas e incluso cambiar de decisión.

Esta tendencia favorece el nacimiento de proyectos como Truedishes, donde más que satisfacer una necesidad el objetivo es brindar a la comunidad una vía más efectiva para obtener información sobre un restaurante o establecimiento de comida.

Actualmente no existe un líder en el sector que brinde las mismas posibilidades que Truedishes, - opiniones de restaurantes en video, lo que hace que exista un espacio para este tipo de proyecto. Sin embargo, como ya se ha visto anteriormente, los 2 grandes del sector (TripAdvisor y Yelp) han hecho varios intentos por potenciar este tipo de herramientas y todavía no han logrado sacar al mercado una versión final. El video es el formato de contenidos que más usuarios retiene y dentro de poco, será parte fundamental dentro de las estrategias de marketing de cualquier empresa.

Truedishes ofrece:

- **Valor añadido al usuario:** ofreciendo una plataforma donde subir y visualizar videos de opiniones y comentarios de restaurantes. Obteniendo una mejor impresión del establecimiento e influyendo sobre el poder de decisión.
- **Valor añadido al dueño de restaurantes:** permitiéndole usar una herramienta tan potente como el video dentro de su estrategia de marketing sin coste adicional, pero con opción a servicios premium por un coste mucho más bajo que la competencia.
- **Valor añadido al accionista:** optimizando un modelo de negocio altamente eficiente con una elevada rentabilidad y recuperación de la inversión inicial en dos años.

A lo largo de este documento se ha desarrollado el proyecto de *Truedishes* como una herramienta novedosa para el sector de la restauración. El objetivo es comprobar la viabilidad y rentabilidad de la empresa, *Truedishes* se presenta como un proyecto viable y rentable, una inversión factible a medio/largo plazo, cuya viabilidad depende en gran medida del saber hacer del equipo directivo de la empresa y el feedback de usuarios y proveedores. No obstante, es importante destacar la tasa de retorno y rentabilidad que surgen en este proyecto como muy atractivas para inversores y accionistas.

REFERENCIAS BIBLIOGRÁFICAS

Artículos:
- "El FMI revisa al alza el crecimiento de la economía española y rebaja la de EEUU", *El Confidencial,* http://www.elconfidencial.com/economia/2017-07-24/fmi-espana-pais-avanzado-economia-mas-crezca_1419730/, (24 Julio 2017)
- "Estadísticas sobre el sector de la restauración en España", Mapal Software, http://mapalsoftware.com/estadisticas-sobre-sector-de-la-restauracion-espana/, (Enero 2017)
- "Holocracia, una organización sin jefes", IMF Business School, http://www.imf-formacion.com/blog/recursos-humanos/liderazgo/holocracia-una-organizacion-sin-jefes/, (2017)
- "Porter's Value Chain", Mindtool, https://www.mindtools.com/pages/article/newSTR_66.htm, (2017)
- "Qué es un Business Angel", *AEBAN,* http://www.aeban.es/sector
- "Restaurant Guests More Likely to Leave Positive Reviews on Facebook", Review Trackers, Megan Wenzl, https://www.reviewtrackers.com/online-reviews-restaurants/, (23 Marzo 2017)
- "Reviews, Reputation, and Revenue: The Case of Yelp.com", Harvard Business School. Michael Luca, http://www.hbs.edu/faculty/Publication%20Files/12-016_a7e4a5a2-03f9-490d-b093-8f951238dba2.pdf, (Septiembre 2011)
- "Subscription Services: The Perfect Business Model?", INC., https://www.inc.com/bo-burlingham/why-john-warrillow-is-all-about-subscription-services.html, (2014)

Libros:

- Kotler, P. & Keller K. L. (2005), *Marketing Management,* 12th edition, Pearson Prentice Hall.
- Kotler, P. & Armstrong, G. (2005) , *Principles of Marketing*, 11th edition, Pearson Prentice Hall.
- Material de las Guías de estudio de EAE.

Páginas Web:

- "16 Video Marketing Statistics to Inform Your Q4 Strategy [Infographic]" Hubspot, https://blog.hubspot.com/marketing/video-marketing-statistics, (June 28, 2017)
- "2016 Connected Consumer Goods Report", Salesforce Research, https://www.salesforce.com/assets/pdf/industries/connected-consumer-goods.pdf, (2016)
- "2017 DIGITAL YEARBOOK: DIGITAL DATA FOR EVERY COUNTRY IN THE WORLD", We Are Social, https://wearesocial.com/uk/special-reports/2017-digital-yearbook, (2017)
- "Dr. Philip Kotler Answers Your Questions on Marketing", Kotler Marketing Group, http://www.kotlermarketing.com/phil_questions.shtml#answer3, (2016)
- Institut d'Estadística de Catalunya (Idescat) - www.idescat.cat
- "Online Reviews: The New Word of Mouth", National Restaurant Association, http://www.restaurant.org/Downloads/PDFs/onlinereviews1.pdf, (2013)
- "Sobre Yelp", Yelp, https://www.yelp.es/about, (Julio 2017)
- "TripAdvisor", Wikipedia, https://es.wikipedia.org/wiki/TripAdvisor, (Julio 2017)